박쥐는
죄가
없다

10대를 위한 세상 제대로 알기 ③

박쥐는 죄가 없다

코로나19로 살펴보는 감염병의 도전과 인류의 응전

채인택·이지선 지음

북 카라반
CARAVAN

코로나19의 교훈

2019년 12월 중국에서 처음 보고된 뒤 3년 넘도록 전 세계를 뒤흔든 코로나바이러스성감염증-19(코로나19)는 전 세계에 말로 표현하기 힘들 정도로 엄청난 피해를 안겼습니다. 신종 코로나바이러스SARS-CoV-2가 일으키는 중증 호흡기 증후군인 코로나19는 2020년 초부터 급속도로 전 세계로 확산해 범유행(팬데믹)으로 번졌습니다. 급기야 세계보건기구WHO는 2020년 1월 30일 '국제적 공중보건 위기 상황Public Health Emergency of International Concern, PHEIC'을 선포하기에 이르렀습니다.

그런 코로나19도 그해 12월 초 백신이 개발되고 접종이 시작되면서 꺾이기 시작했어요. WHO는 3년 4개월 동안 유지했던 코로나19의 '국제적 공중보건 위기 상황PHEIC'을 2023년 5월 5일 드디어 해제했습니다. 코로나19 범유행이 공식 종료된 것이지요.

코로나19로 인한 인류의 피해를 정리해보면 다음과 같습니다. WHO에 따르면 2023년 8월 말을 기준으로 전 세계에 걸쳐 7억 7008명이 넘는 코로나19 확진자가 나왔습니다. 이 가운데 695만 명 이상이 목숨을 잃었고요. 이는 각국 정부가 WHO에 보고한 것을 집계한 공식 통계입니다.

이와는 별개로 영국의 시사주간지 『이코노미스트』는 통계적인 추정을 거쳐 코로나19로 인한 전 세계 실제 사망자 숫자를 95퍼센트 신뢰 범위에서 1780만~3240만 명으로 봤어요. 최고 공식 집계의 4.7배에 이르는 숫자입니다. 일상생활의 불편이나 경제에 미친 악영향은 추정하기도 어려울 정도예요.

2022년 중반부터 전 세계적으로 코로나19 확진자와 사망자 발생이 크게 줄어들었습니다. 가장 큰 요인은 전파를 줄이는 위생 개념의 확산과 적극적인 확진자 관리, 그리고 백신 개발과 보급, 접종을 꼽을 수 있겠죠. WHO에 따르면 전 세계적으로 134억 9998만 명 이상이 백신을 접종받았습니다. 유엔과 글로벌 통계 사이트 월도미터에 따르면 2023년 7월 1일을 기준으로 전 세계 인구가 약 80억 4500만 명이니까, 대략 1인당 1.7회를 접종한 셈입니다.

사실 바이러스 앞에서는 백신도 완벽하지 않았습니다. 일부 백신에서 90퍼센트가 넘는 방어 효과가 있다고도 합니다만, 이는 10퍼센트 정도는 맞은 뒤에도 감염될 수 있다는 이야기죠. 사람마다 반응에서 차이가 있기 때문입니다. 게다가 시간이 지나면서 백신 접종에 따른 면역 효과가 감소하기도 합니다. 다만 시간이 지나 항원인 바이러스에 대응하는 항체 농도가 줄어도 바이러스를 잡아먹는 T-세포 등은 계속 작동합니다. 코로나19에 대한 면역력을 유지하려면 백신을 3차 접종(부스터샷)하는 것이 필요한 이유입니다.

바이러스를 완벽하게 막지는 못하지만 전 세계에서 꾸준히 접종한 결과 백신은 놀라운 효과를 보였습니다. 2022년 중반부터 코로나19 확진자와 사망자 발생이 한풀 꺾이기 시작했습니다. 세계보건기구가 국제적 공중보건 위기 상황 해제를 결정한 이유입니다.

물론 코로나19는 그 이후에도 완전히 사라지지는 않았습니다. 하지만 전 세계 일부(2023년 8월 마지막 주 기준으로 234개 국가와 지역 중 103개)에서만 소규모로 추가 발생하는 정도입니다. 3년이 넘는 기간 동안 인류를 괴롭혔던 코로나19는 이렇게 인류의 과학기술과 공중보건의 힘으로 어느 정도 퇴치가 됐다고 볼 수 있겠습니다.

이제는 코로나19의 확산과 인류의 대응, 백신의 개발과 불공평한 분배 등 범유행기에 벌어진 일들을 되새김질하면서 교훈을 얻을 때입니다. 코로나19를 극복했다고 해도 감염병이 언제 다시 인류를 찾을지 알 수 없기 때문입니다. 세균이나 바이러스 등에 의한 감염병에 대한 보다 나은 대처 방안을 찾고, 인류에게 더욱 안전한 세계를 만들 과제가 우리를 기다리고 있습니다.

채인택·이지선

차
례

6장 다시 찾아올 감염병에 어떻게 대처할까

1

박쥐가
문제라고?

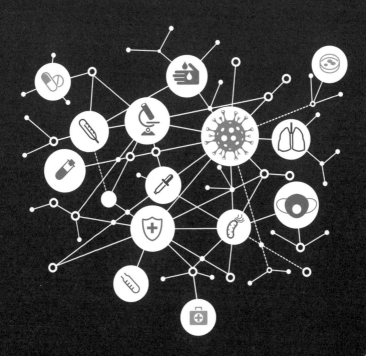

박쥐가 문제라고?

니파 바이러스 질환의 숙주로 지목된 과일박쥐

1998년 말 말레이시아의 말레이반도 서부에 있는 네게리 셈빌란 주의 캄풍 숭가이 니파(니파 강 마을)에 뇌염과 비슷한 증상을 보이는 환자들이 갑자기 나타나기 시작합니다. 환자들은 열이 오르고 심한 두통이 나타났으며 구토를 하거나 꾸벅꾸벅 조는 등의 증상을 보였습니다. 정신을 잃는 사람도 있었지요.

이런 증상을 나타내는 사람들이 이듬해인 1999년 5월까지 265명에 이르렀고, 이 가운데 105명이 사망합니다. 어떤 질환에 걸린 환자가 사망하는 비율을 치명률이라고 하는데, 이 바이러스는 치명률이 약 40퍼센트에 이를 정도로 굉장히 위험했습니다. 정체를 알 수 없는 데다 바이러스가 빠른 속도로 퍼져 나가자 말레이시아 정부와 세계보건기구WHO 등이 역학조사에 나섭니다.

조사 결과 감염 증상이 최초로 발생한 곳은 말레이반도 서부 페라크 주의 한 양돈장이었습니다. 말레이시아 인구의 다수를 차지하는 말레이족을 비롯한 원주민은 대부분 무슬림이어서 돼지고기를 금하지만, 인구의 23퍼센트를 차지하는 중국계는 이를 먹기 때문에 돼지를 키우는 양돈장이 있습니다. 여기서 키우던 돼지들이 감염됐고, 바이러스를 보유한 채 남쪽으로 팔려 나가면서 그 이동 경로를 따라 감염병도 전파된 것으로 나타났습니다. 말레이시아 정부는 바이러스가 퍼져 나가는 걸 막기 위해 돼지 수백만 마리를 살처분하기에 이릅니다.

니파 바이러스 감염증이 나타난 곳은 말레이시아뿐만이 아니었습니다. 2001년부터 2008년까지 방글라데시에서는 니파 바이러스에 감염된 135명 가운데 97명이 사망했어요. 2018년에는 인도 케랄라 지방에서 19명의 환자가 발생해 그중 17명이 목숨을 잃었습니다. 치명률이 70~80퍼센트에 이를 정도였지요. 니파 바이러스는 코로나19가 한창 극성을 부리던 2021년 인도에서 또다시 고개를 들기도 했습니다.

이 바이러스는 어떻게 하다 돼지농장에서 발견됐을까요? WHO는 니파 바이러스의 최초 숙주宿主로 돼지가 아니라 과일박쥐를 지목했습니다. 숙주란 바이러스나 기생충 등이 기생 또는 공생하는 생물을 말해요. 유전물질과 단백질로만 이뤄지고 크기도 매우 작은 바이러스는 혼자서 살아남지 못하기 때문에 꼭 숙주가 필요합니다.

바이러스는 숙주에 기생하면서 숙주의 유전물질을 이용해 자신을 복제하며 퍼져 나갑니다. 복제 과정에서 바이러스는 여러 성질이 변화하기도 하는데, 이를 '변종'이라고 불러요. 변종 바이러스는 더 멀리 퍼져 나가거나 혹은 사라질 수도 있어요. 당시 야생 과일박쥐 몸속에 살던 바이러스가 배설물을 통해 농장에서 사육하는 돼지들에게 전파됐고, 농장 주변의 사람들에게도 감염되기 시작했던 것이지요.

1000여 종류 바이러스의 저장고

니파 바이러스를 퍼뜨린 주범으로 지목된 과일박쥐는 말레이시아를 비롯해 방글라데시, 인도네시아, 필리핀 등에 서식합니다. 주로 숲에서 과일을 먹고 살아요. 밤에 활동하는 박쥐는 우리 눈에 잘 띄지 않지만 해충을 잡아먹고 꽃가루나 씨앗을 퍼뜨리는 역할을 합니다. 박쥐가 열심히 활동하는 것 자체가 튼튼한 생태계를 유지하는 데 도움이 된다는 걸 알 수 있습니다.

박쥐의 종류는 1000여 종에 달합니다. 이러한 종 다양성 덕분에 여러 질병에도, 또 다양한 환경에도 잘 적응하는 뛰어난 능력을 가진 동물이 바로 박쥐입니다. 다양한 종만큼이나 박쥐는 몸속에 많은 종류의 바이러스를 지니고 살아갑니다.

중국 위생건강위원회 병원계통생물학 중점실험실이

박쥐와 관련한 바이러스를 모은 데이터베이스에 따르면, 박쥐에게서 확인된 바이러스의 '과科, family'만 해도 30종에 이릅니다. 박쥐를 숙주 삼아 살아가는 바이러스만도 1000여 종이 넘는 것으로 알려져 있고요.

2017년 미국의 비영리 감염병 연구단체 에코헬스 얼라이언스 의장인 피터 다작은 박쥐 바이러스에 관한 연구 결과를 발표했습니다. 다작에 따르면 박쥐의 몸에 있는 바이러스 가운데 사람과 동물 모두에게 감염되는 인수공통 바이러스가 약 156종가량 존재하는 것으로 나타났다고 합니다.

바이러스와 싸우지 않고 공존하는 박쥐

이쯤 되면 궁금해집니다. 바이러스가 몸에 침투하면

우리는 하다못해 경미한 감기에라도 걸리고, 그로 인해 여러 증상을 겪게 되잖아요. 그런데 박쥐는 그렇게 수많은 바이러스를 가지고도 어떻게 아프지 않고 멀쩡하게 살아갈 수 있을까요? 그 비밀은 바로 박쥐의 면역 체계에 있다고 합니다.

면역 체계가 무엇인지 간단히 알아볼까요? 우리 몸에는 외부에서 침입한 병원균이나 바이러스 등과 싸워 신체를 방어하는 면역 세포가 있는데, 여기에서 '인터페론'이라는 단백질이 생성됩니다. 이 인터페론이 항바이러스 작용을 합니다.

우리 몸에 바이러스가 침투해 몸속에서 면역반응이 일어나면 체온이 올라갑니다. 감기에 걸렸을 때 몸에서 열이 나고 춥고 으슬으슬한 경험을 해봤지요? 바로 그것이에요. 바이러스 침입에 맞서 면역계가 작용하면 자연스럽게 체온이 올라가고, 고온에 취약한 바이러스가 더 이상 활동하기 어려워집니다. 열이 나고 오한이 들어도 바이러스를 없애기 위해 우리 몸의 면역계가 열심히 작동하고 있는 것입니다.

그런데 박쥐의 면역 체계는 인간과 조금 다릅니다. 박

해가 저문 뒤 도시를 날아다니는 박쥐. 박쥐는 바이러스에 감염되지 않고 공존해 바이러스의 저장고로 불린다.

쥐는 바이러스나 병원균이 침투하지 않을 때도 계속해서 인터페론을 만든다고 해요. 이 상태에서는 바이러스가 침투해도 열이 나는 등의 염증 반응이 일어나지 않습니다. 쉽게 말하면 바이러스와 싸우지 않고 그냥 자기 몸에 살도록 내버려두는 겁니다. 바이러스도 박쥐를 질병에 감염시키지 않습니다.

　박쥐가 어떻게 이런 생체 시스템을 갖게 됐는지는 아직 명확하게 설명하기 어렵지만, 관련 연구들을 보면 박쥐의 비행이나 집단생활을 하는 습성 등이 그 이유로 꼽힙니다. 포유류 가운데 유일하게 비행하는 박쥐는 날갯짓을 하는 동안 체온이 올라가고 신진 대사율이 높아진다고 해요. 박쥐는 또 오랫동안 집단생활을 하면서 감염 위험이 높은 환경에 노출되어 왔습니다.

이런 오래된 생존 특성들이 박쥐의 면역 시스템에 영향을 줬을 것이라고 과학자들은 설명합니다. 니파 바이러스뿐 아니라 에볼라, 사스SARS(중증급성호흡기증후군) 등의 원인인 병원체 역시 박쥐에게서 왔다고 알려져 있습니다.

박쥐는 죄가 없다

이렇게 보자면 박쥐는 '바이러스의 저장고'라고 불릴 만합니다. 그럼 또 다른 질문 하나를 던져봅니다. 박쥐는 왜 양돈장으로 날아들었을까요? 보통 박쥐는 사람이나 가축이 사는 곳과는 거리가 있는 숲이나 동굴 등에서 서식합니다. 과일이나 곤충 등을 먹으면서 말이지요. 박쥐가 굳이 익숙한 곳을 떠나 힘들게 사람들이 살고 있는 돼지농장 근처까지 날아온 데에는 그만한 이유가 있었습니다.

말레이시아 연구진에 따르면 니파 바이러스를 퍼뜨린 것으로 알려진 과일박쥐는 발병 1~2년 전인 1997년과 1998년 인도네시아에서 발생한 엘니뇨 현상과 가뭄 등으로 삼림이 파괴되면서 서식지를 잃게 됐다고 합니다. 스페인어로 '남자아이'를 뜻하는 엘니뇨 현상은 무역풍이 강해지면서 동태평양의 해수면 온도가 평년보다 높은 상태가 수개월 지속되는 현상을 가리킵니다.

엘니뇨 현상이 나타나면 비가 오지 않던 지역에 비가 내리고, 비가 많이 내리던 지역에 가뭄이 드는 등 기후 현상의 변화를 초래하기도 합니다. 문제의 1997~1998년에는 실제 강력한 엘니뇨가 발생해 세계 곳곳에 기상 이변이 나타났습니다. 알래스카를 포함한 북미, 남미의 서부 연안, 동남아시아, 아프리카 동부 등에서 고온 현상이 나타났습니다. 말레이시아는 보통 3월부터 건기인데 기록적인 엘니뇨 현상까지 더해지면서 가뭄이 심각해졌습니다.

또 화전을 일구는 사람들이 숲에 불을 내면서 심각한 연무가 발생했다고 합니다. 숲이 불타면서 나무가 사라졌고, 그로 인해 안개까지 덮치면서 과실수가 꽃을 피우고 열매를 맺기 어려워지자 박쥐의 먹이도 사라졌습니다. 박쥐는 인근 과수원으로 날아들었고 근처에 있던 돼지농장의 사료와 물이 박쥐 배설물로 오염됐던 것으로 추정됩니다. 박쥐로서는 먹이를 찾기 위해 어쩔 수 없이 이동해 인근의 돼지농장을 드나들 수밖에 없었던 것이지요. 야생에 살던 박쥐가 인간과 접촉할 수밖에 없도록 만든 건 다름 아닌 인간의 활동인 셈입니다.

바이러스성 동물 전염병, 박쥐 거쳐 인간에게 전파

박쥐에게서 돼지를 거쳐 인간에게까지 바이러스가 이

동하고 감염병을 퍼뜨리는 과정에서 보듯, 동물 바이러스가 종간 장벽을 넘어 인간에게 흘러 들어와 질병을 일으킬 수 있습니다. 이를 '스필오버spillover'라고 불러요. 보통은 동물들 사이에서 흔하게 감염이 일어난다고 해도 이 바이러스가 사람을 숙주로 삼는 일은 흔하지 않았습니다. 동물이 야생에서 별일 없이 생존할 수 있었을 때는 그 바이러스가 인간에게까지 전파되는 상황도 드물었고요.

하지만 야생동물의 서식지가 파괴되면서 이들은 점차 인간과 더 가까워지게 됐습니다. 세계 삼림 데이터를 수집하는 단체인 글로벌포레스트워치Global Forest Watch에 따르면, 2002년부터 2022년까지 원시림의 7.1퍼센트에 달하는 7250만 헥타르ha(1 헥타르는 가로와 세로가 100미터인 정사각형의 넓이)가 감소한 것을 포함해 모두 459메가헥타르Mha(1 메가는 100만)의 삼림이 사라졌다고 합니다.

경제 활동 등을 목적으로 동물들의 서식지였던 숲이 사라지면서 야생동물들은 점점 사람들 곁으로 올 수밖에 없었고, 스필오버를 통한 인수공통감염병이 발생할 가능성도 높아졌습니다. 실제로 지난 20년 동안 박쥐와의 접촉면이 넓어짐에 따라 박쥐가 매개한 질병이 증가했고, 그에 따라 수백만 명이 목숨을 잃었습니다. 앞으로도 남극 대륙을 제외한 아프리카, 아시아 등 다른 대륙의 113곳에서 이 같은 질병이 다시 발생할 가능성이 커지고 있다는 추정도 있습니다.

서식처 잃은 야생동물, 인수공통전염병과 연관

서식지를 잃고 인간의 거주지 인근으로 이동하거나 멸종위기에 처한 동물 종은 인수공통감염병을 일으키는 병원체를 보유할 가능성도 큽니다. 세계 6대륙에 걸쳐 야생동물 서식지가 농지 또는 주거지로 개발된 7000여 곳에서 야생동물을 분석한 연구에 따르면, 이 지역의 동물이 기존 서식지에 사는 동물과 비교해 인수공통감염병 병원체를 2.5배 정도 더 많이 보유하고 있는 것으로 나타났습니다.

병원균을 옮기는 비율도 생태계가 잘 보존된 지역에 비하면 70퍼센트나 높았고요.

병을 옮긴다는 억울한 누명을 쓴 건 박쥐만이 아닙니다. 천산갑이나 쥐, 거북이 등도 감염병을 일으킨다고 종종 지목돼왔거든요. 2002년 발병한 사스 역시 박쥐에서 사향고양이를 거쳐 사람에게 감염됐다고 알려져 있고, 2012년 사우디아라비아에서 첫 보고된 뒤 2015년 한국에서 유행한 메르스MERS(중동호흡기증후군) 역시 낙타를 통해 사람에게 전파됐다고 합니다.

바이러스를 옮긴 숙주로 지목됐지만 정작 이들의 서식지를 파괴하고, 야생에 살던 동물들을 잡아 가두고 거래한 것은 다름 아닌 인간이었습니다. 『인수공통 모든 전염병의 열쇠Spillover: Animal Infections and the Next Human Pandemic』를 쓴 데이비드 쾀먼은 이런 거래가 이뤄지는 중국식 수산·축산물 재래시장, 이른바 웨트 마켓wet market에서 인수공통감염병을 일으키는 바이러스가 유래할 수 있다는 점을 경고했습니다. 웨트 마켓은 생선이나 생닭 등 신선 식품을 얼음으로 차갑게 유지하기 위해서나 상품을 손질하는 데 물을 쓰면서 시장 바닥이 축축하게 젖어 있기 때문에 붙은 이름입니다.

코로나 시작 우한 시장에서
식용 야생동물 거래

코로나19 바이러스가 시작된 곳으로 지목된 중국 후베이성 우한의 화난수산시장은 야생동물이 식용으로 유통되는 곳으로 알려져 있어요. 화난수산시장은 코로나19가 발생한 직후 폐쇄되어 청소와 소독 등을 거쳤는데, 그 이전에 시장의 바닥과 벽, 동물을 가두던 금속 우리, 카트 등에서 채취해놓았던 유전자를 분석한 결과가 2023년 4월에 논문으로 발표됐습니다.

이 논문에 따르면 코로나19 바이러스에 감염된 검체에서 너구리를 비롯해 말레이호저, 고슴도치, 흰코사향고양이, 회백색대나무쥐 등 야생동물의 DNA가 확인됐다고 합니다. 이곳의 동물들이 박쥐와 사람을 잇는 중간 숙주 역할을 했을 가능성이 있다는 것입니다. 중국에서는 모피를 위해 너구리를 가둬 기른다고 합니다. 고슴도치나 사향고

코로나19 환자가 발생한 뒤 입구를 폐쇄하고 방역 작업 중인 화난수산시장. 이 시장에서는 야생동물이 식용으로 유통된 것으로 알려졌다.

양이 등은 식용으로 거래된다고 알려졌지요.

코로나19 발병 초기 또 다른 숙주로 지목된 적 있는 천산갑도 불법 유통되는 대표적인 야생동물입니다. 아시아와 아프리카에 서식하는 천산갑은 온몸을 덮고 있는 비늘이 염증을 치료하고 혈액이 잘 순환하도록 돕는다는 속설이 있어 약재로 쓰였습니다. 사실 천산갑의 비늘은 손톱이나 발톱과 같은 케라틴 성분이라 약효를 기대할 수 없는데도 말입니다. 중국에서 천산갑이 높은 가격으로 거래되면서 밀렵과 불법 거래가 성행했고, 현재 천산갑은 멸종 위기에 처한 상태입니다.

콰먼은 말합니다. "우리는 수많은 동식물이 서식하는 열대 우림과 그 밖의 다른 야생을 침범해왔는데, 그 안에는 알려지지 않은 수많은 바이러스가 존재합니다. 우리는 나무를 베고, 동물을 죽이거나 우리에 가둬서 시장으로 보냅니다. 우리는 생태계를 교란하고 바이러스를 자연 숙주로부터 분리시킵니다. 그렇게 되면 바이러스는 새로운 숙주가 필요합니다. 바로 우리가 종종 그 새로운 숙주가 되기도 합니다."

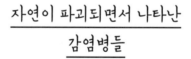

동물과 인간 종간 장벽을 뛰어넘어 바이러스가 전파

되고 감염병이 창궐하는 이 상황을 두고 미국 수의학자 마크 제롬 월터스는 '에코데믹eco-demic'이라고 표현한 바 있습니다. 인간이 개입해 지구의 자연환경을 파괴하고, 그로 인해 자연스러운 순환 과정이 무너진 것이 감염병이 퍼져나가는 주된 이유이므로, 감염병을 뜻하는 에피데믹epidemic에 생태를 뜻하는 접두어 에코eco를 붙여 이 새로운 질병을 에코데믹이라고 불러야 한다는 것입니다.

대표적인 사례가 라임병입니다. 미국 코네티컷주 올드라임 지역에서 1975년 어린아이들이 관절염과 비슷한 증상을 보이기 시작합니다. 걷기 힘들어하고 발진이 일어났지요. 몇 년 사이 코네티컷주뿐만 아니라 뉴저지 인근에서도 환자가 나타났습니다. 역학조사 결과 병을 일으킨 것은 보렐리아Borrelia 균이었어요. 진드기가 사람을 물면서 이 균이 인체에 침입해 질병을 일으킨 것이지요. 이 질병은 미국을 비롯해 선진국이 많이 위치한 북반구 지역에서 발병률이 높은 편입니다. 왜 그럴까요?

연구자들은 도시와 주거지가 형성된 이곳의 숲이 파괴됐다는 것을 근본 이유로 꼽습니다. 숲이었던 지역들에 집과 농장이 세워지고 도로가 생겼습니다. 원래 숲에 살던

여우나 늑대 등은 자취를 감췄죠. 그러자 생쥐와 다람쥐, 흰꼬리사슴 등의 숫자가 늘어났습니다. 사슴 그리고 쥐와 같은 설치류들은 진드기들이 붙어 살기 좋은 매개체가 됩니다. 진드기는 이들 몸에 붙어 피를 빨고 이동합니다. 그러다가 사람들이 살고 있는 집 마당에도 떨어지게 됩니다. 진드기에게 사람이라고 예외는 아닙니다. 피를 빨린 사람은 라임병에 감염됩니다. 뜰과 숲이 만나는 가장자리가 진드기에게 가장 완벽한 서식지라고 알려져 있습니다.

그렇다고 진드기가 잘못한 것일까요? 애초 숲에 살아가던 동물들을 내쫓고 나무를 잘라낸 건 인간이었습니다. 오래전 개발로 사라진 숲이 현재에도 질병을 만들어내고 있는 것입니다. 월터스는 "확실히 말할 수 있는 것은 우리가 세계를 인간이 살기에 더 적합한 곳으로 만들려는 근시안적 시도를 하다가, 오히려 질병을 일으키는 수많은 미생물이 살기에 더 적합한 곳으로 만들어왔다는 것"이라고 말했습니다.

이렇게 보자면 야생동물들과 적정한 거리를 유지하며 그들이 살고 있는 자연을 보호하는 일은 인간을 위해서도 시급해 보입니다. 생물학자인 최재천 이화여대 교수는 '에

코 백신'을 이야기합니다. 에코 백신이란 다름 아닌 자연을 보호하는 것을 말합니다. 그는 백신 접종률이 70~80퍼센트 정도가 되어야 한 사회에 감염병 예방이라는 집단 효과가 나타나는 것처럼, 인류의 70~80퍼센트가 함께 자연을 보호하는 데 동참하는 에코 백신이 필요하다고 제안합니다.

자연과 그 안에서 살고 있는 다양한 야생동물들과 인간. 이들이 슬기롭게 공존하는 방법을 찾는 게 새로운 감염병을 예방하는 길이겠지요. 애꿎은 박쥐 탓만 하지 않고 말입니다.

'질병 X'를 아시나요?

2018년 세계보건기구WHO는 앞으로 발생할 가능성이 있는 공중보건 비상 상황에 대비하기 위해 어떤 질병을 먼저 연구해야 할지 그 우선순위를 발표했습니다. 세계 단위에서 감염병이 퍼져 나갈 경우 이를 치료할 약물이나 예방할 백신이 없으므로, 치명적인 바이러스의 확산을 막기 위해 연구와 개발이 시급한 질병을 일으키는 바이러스의 목록을 작성한 것입니다. 에볼라 바이러스와 지카 바이러스, 사스 코로나바이러스, 메르스 코로나바이러스, 니파 바이러스 등이 이름을 올렸죠.

그런데 이 목록 가운데 특이한 바이러스가 눈에 띕니다. 바로 '질병 XDisease X'입니다. 수학에서 우리가 미지수를 X라고 표현하는 것처럼 질병 X는 미지의 질병을 뜻합니다. WHO는 현재까지는 나타나지 않았고 인류에게 질병을 유발하지 않은, 알려지지 않은 신종 바이러스에 의해 감염병이 발생할 것이라고 보고, 질병 X에 대비해야 한다고 명시한 것입니다. 예상치 못한 미지의 바이러스이기 때문에 대응이 쉽지 않고 따라서 미리 준비해야 하는 바이러스를 질병 X라고 명명했습니다.

그로부터 불과 1~2년 뒤, 전 세계는 신종 바이러스의 출현으로 공포에 휩싸입니다. 미지의 질병을 예측한 지 2년이 채 되지 않아 세계 단위로 감염을 일으키는 바이러스가 나타난 것이지요. 이 미지의 바이러스는 2019년 중국 우한에서 첫 감염자가 발생한 지 불과 2개월 정도 만에 WHO가 공중보건 비상사태를 선포할 정도로 빠른 속도로 전 세계에 퍼져 나갑니다.

이 바이러스는 사스 코로나바이러스의 변종이었습니다. WHO는 2020년 2월 이 바이러스의 명칭을 COVID19 Corona Virus Disease 2019라고 확정합니다. 한국에서는 주로 코로나19라고 불립니다. 질병학자 피터 다작은 같은 해 자신의 SNS에 "질병 X는 계절성 독감처럼 쉽게 퍼지면서도 훨씬 치명률이 높다. 팬데믹(세계적 대유행) 선언이 이뤄지기 전에 이미 금융 시장을 뒤흔들 것이다. 한마디로 코로나19는 질병 X다"라고 썼습니다.

코로나19는 지속적인 변이 과정을 거쳐 델타, 오미크론 등 다양한 변종 바이러스로 나타났고, 2023년 5월 비상사태가 해제될 때까지 전 세계에서 약 700만 명의 목숨을 앗아갔습니다. 가장 많은 사망자가 나온 국가는 110만 명 이상이 사망한 미국이고, 인도에서도 53만 명가량이 숨졌습니다.

질병 X가 나타날 수 있다고 예상했던 연구진들은 머지않은 미래에 또 다른 질병이 나타나지 않으리라는 보장이 없다고 경고합니다. 코로나19가 아니라 코로나28, 코로나32가 발병할 수 있다는 것이지요.

테워드로스 아드하놈 거브러여수스 WHO 사무총장은 코로나19 비상사태를 종료한 몇 주 뒤 또 다른 보건 위협에 대해 경고했습니다. 그는 "질병을 일으키고 수많은 사망자를 낳게 하는 또 다른 변종이 나타날 수도 있고, 더 치명적인 또 다른 병원체가 나타날 가능성도 남아 있다"며 "다음 팬데믹이 닥칠 때 세계가 함께, 단호하게, 공정하게 대응할 준비가 돼 있어야 한다"고 말했습니다.

마이크로소프트 창업자이자 '빌 앤드 멀린다 게이츠 재단' 공동 이사장인 빌 게이츠는 "20년 이내에 다음 팬데믹이 발생할 확률은 50퍼센트 내외다. 치사율이 30퍼센트 가까이 되는 치명적인 질병의 팬데믹이 나올 수 있는 위험은 계속 있다고 생각한다"고 언급했습니다.

과연 우리는 코로나19를 마지막 팬데믹으로 만들 수 있을까요? 아무도 장담할 수 없을 것입니다. 그렇다면 우리는 지금 무엇을 할 수 있을까요? 빌 게이츠는 저서인 『빌 게이츠 넥스트 팬데믹을 대비하는 법How to Prevent the Next Pandemic』에서 "코로나19 사태가 발생한 것은 똑똑하고 열정적인 사람들이 역량을 최대로 발휘할 수 있는 시스템을 전 세계가 미리 준비해놓지 않았기 때문"이라며 '글로벌 전염병 대응 동원팀'을 만들자고 제안합니다. 이 팀이 일종의 긴급상황실이 되어 언제 발생할지 모르는 팬데믹을 예방하고, 이미 발생한 감염병에 세계적 차원에서 대응할 수 있도록 하자는 것이죠.

수많은 사람이 죽고 병든 과거의 질병을 겪어낸 우리가 그 과정에서 아무런 교훈을 얻지 못한다면 또다시 소중

한 생명을 잃게 될 것입니다. 코로나19가 엔데믹endemic(일상적 유행)을 맞은 지금, 질병 X로 알려진 다음 감염병이 출현했을 때 앞으로 어떻게 대응해야 할지 철저한 계획과 준비가 필요합니다.

사라지는 야생

2022년 한국에서는 '꿀벌 실종 사건'이 크게 화제가 됐습니다. 전국 각지에서 꿀벌을 기르던 양봉 벌통에 벌이 온데간데없이 사라져버려 빈 벌통만 남게 된 겁니다. 이른바 '군집 붕괴 현상CCD, Colony Collapse Disorder'입니다. 보통 벌통 한 개에 벌이 1만 5000~2만 마리가 군집한다고 봤을 때, 2022년 한 해에 사라진 꿀벌은 약 78억 마리로 전체의 16퍼센트에 이른다는 통계도 있습니다. 벌을 생업으로 기르던 양봉 농가가 시름에 빠진 건 물론이었습니다.

사실 이렇게 벌이 사라지는 현상은 우리나라에서만 일어나는 일은 아닙니다. 2006년 미국에서는 사육 꿀벌의 25~50퍼센트가 사라진 적이 있습니다. 유럽과 남아프리카, 아시아 등에서도 꿀벌은 사라지고 있습니다. 벌은 왜 사라지는 걸까요?

농약이나 살충제의 과다한 사용 등도 큰 이유 가운데 하나이지만 최근의 군집 붕괴 현상이 나타나는 이유로는 기후 변화가 꼽힙니다. 꿀벌이 월동을 시작하는 시기인 11~12월이 평년보다 따뜻하면 꽃이 이른 시기에 개화하고, 꿀벌은 체력이 떨어진 채로 화분 채집 등 외부 활동을 계속하게 됩니다. 그러고는 벌통으로 돌아오지 못하게 되죠.

벌이 사라지는 게 큰 문제냐고 생각하실 수도 있습니다. 하지만 잠깐 생각해보세요. 우리가 먹을 수 있는 열매를 얻기 위해 재배하는 식물 가운데 벌의 수분이 꼭 필요한 종이 약 30퍼센트에 이른다고 해요. 그래서 벌이 사라지는 건 단순히 양봉업에 종사하는 사람들뿐 아니라 인류에게 위험 신호라고 해석되고는 합니다. 식량이 부족해지고 영양실조가 나타날 것을 우려하기도 하죠.

지구상에서 사라지고 있는 건 벌뿐만이 아닙니다. 각국 정부와 NGO가 연합한 국제 환경기구인 세계자연보전연맹International Union for Conservation of Nature, IUCN은 '적색목록Red List'을 발표해 멸종 위기에 처한 동식물을 알리고 있습

남아프리카공화국 콰줄루나탈에 세워진 코뿔소 십자가. 환경운동가들이 멸종 위기인 코뿔소가 남아프리카에서 밀렵될 때마다 흰색 십자가를 세운 것이다.

니다. 생존 개체가 전혀 없는 절멸 단계에서부터 현재는 아니라도 조치가 취해지지 않으면 멸종될 가능성이 있는 준위협 단계까지 생물들의 멸종 위기 등급을 평가해놓은 리스트예요.

이 적색목록에 따르면, 지금까지 평가된 생물 15만여 종 가운데 4만 2000여 종이 멸종 위기에 처한 것으로 조사됐습니다. 아시아코끼리와 아프리카코끼리, 푸른바다거북, 그레비얼룩말 등 그림책과 영상을 통해 익숙한 동물들도 현실에서는 모두 멸종 위협을 받고 있습니다. 한국 고유 침엽수종인 구상나무 역시 집단 고사하면서 적색목록에 이름을 올렸습니다.

동물과 식물이 사라진다는 것은 생물 다양성이 파괴된다는 의미입니다. 생물 다양성이란 지구상의 여러 생물종, 생물이 서식하는 생태계, 생물이 지닌 유전자가 다양하게 존재하는 것을 총체적으로 지칭하는 말입니다. 생물과 자연이 하나로 연결되어 균형을 이루고 있다는 뜻이에요.

생물 다양성이 유지되면 지구상의 생물과 자연환경이 스스로 최상의 상태를 유지하고 서로 얽히고설켜 조화롭게 공존할 수 있습니다. 하지만 생물과 자연환경 가운데 어느 한쪽에 구멍이 뚫린다면 연쇄적으로 영향을 끼치게 되고, 사람은 물론 생태계 전체가 온전하게 지탱되기 어렵습니다. 야생 동식물이 살아가는 서식지인 강이나 호수, 숲 등이 파괴되면 살 곳을 잃은 동식물이 사라지고, 눈에 잘 보이지 않는 곤충과 미생물도 함께 사라지면서 생태계 전체가 황폐화하는 연쇄작용이 일어난다는 겁니다.

세계자연기금WWF의 「지구생명 보고서 2022」에 따르면, 아마존을 포함한 중남미와 카리브해 지역에서 지난 48

년 사이 야생동물 개체는 평균 94퍼센트 줄어들었다고 해요. 아프리카에서는 66퍼센트, 아시아·태평양에서는 55퍼센트가 줄어들었고요. 동물의 서식지가 줄어들고 자원이 과도하게 이용되고 환경오염과 기후 변화가 일어난 데에 따른 결과라는 게 보고서의 분석입니다.

이렇게 야생이 사라지면서 지구에서 '여섯 번째 대멸종'이 진행 중이라는 말도 나옵니다. 약 4억 4500만 년 전 기후 변화로 해양 생물종의 85퍼센트가 멸종한 첫 번째 대멸종, 600만 년 전쯤 일어나 공룡 등 생물 75퍼센트가 사라진 세 번째 멸종을 지나 현재 여섯 번째 대멸종이 진행되고 있다는 거죠. 그만큼 빠르고 광범위하게 많은 생물종이 사라지고 있다는 얘기입니다.

마르코 람베르티니 세계자연기금wwf 사무총장은 "지금은 지구와 인류의 위기를 알리는 적신호가 켜진 상황이다. 2030년까지는 자연 손실을 막고 생물 다양성 감소 추세를 되돌려야 한다"라고 말했습니다. 그의 말처럼 다양한 생물이 공존하는 환경을 만드는 방안을 고민하고, 또 행동해야 할 때입니다.

2

21세기에
창궐한 전염병들

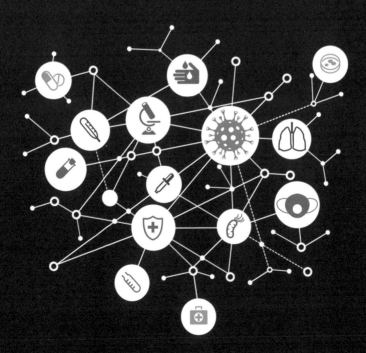

21세기에
창궐한 전염병들

감염병과의 전쟁

　　인류의 역사는 감염병과의 전쟁이라고 해도 지나친 말이 아닙니다. 감염병 또는 감염증은 우리의 몸에 병원체, 즉 병을 일으키는 미생물인 세균Bacteria, 바이러스Virus, 진균Fungus(곰팡이), 리케차Rickettsia, 스피로헤타Spirochaete, 원충Plasmodium 등이 옮아 증식하면서 생기는 병을 통틀어 가리키는 말입니다.

전염병은 감염병 가운데 의학적·보건학적으로 전염성, 즉 다른 개체에게 옮기는 성질을 가진 병들을 일컫는 말입니다. 쉽게 말하면, 병원체가 사람이나 다른 생물에게 옮아 집단으로 번지는 유행병을 말합니다. 돌림병, 역병이라고도 합니다.

　　감염병이나 전염병이 좁은 범위에서 유행하는 것을

'엔데믹', 넓은 지역에 번지는 것을 '에피데믹', 전 지구적으로 퍼지는 것을 '팬데믹'이라고 합니다. 21세기에 들어서도 전 세계적으로 다양한 감염병이 유행했습니다. 인류는 인명 피해와 함께 상당한 고통을 당했죠.

세균은 어느 정도 잡았지만
바이러스는 여전히 난제

문제는 세균에 의한 감염병은 19세기 이래 역학疫學, Epidemiology, 미생물학 등 의학과 과학의 발달로 어느 정도 극복을 했지만, 바이러스에 의한 바이러스성 질환은 계속 인류를 괴롭히고 있다는 사실입니다. 영국 세균학자 알렉산더 플레밍이 1922년 푸른곰팡이를 바탕으로 페니실린을 개발하고 항생제 시대를 열면서 인류는 세균으로 인한 감염병에 비교적 원활하게 대응할 수 있게 됐습니다. 하지만 바이러스는 일부 치료제가 개발됐다고 해도 효과가 기대에 미치지 못하는 상황입니다. 한마디로 대처할 방법이 별로 없다는 이야기입니다.

항생제는 다양한 방법으로 박테리아를 억제하거나 제거합니다. 박테리아의 세포벽 합성을 억제한다든지, 세포벽 투과를 변화시킨다든지, 생존을 위한 단백질 합성을 저해한다든지, 생명에 필수적인 DNA나 RNA 등 핵산의 합성을 억제한다든지, 세포 분열에 필요한 엽산의 합성을 억제하는 등의 방법이 있습니다.

하지만 바이러스에 대항하기 위해 개발된 항바이러스제는 아직은 바이러스를 완전히 제거하기가 어렵습니다. 박테리아를 상당히 파괴하거나 생존을 방해해 이를 퇴치하는 대부분의 항생제와 달리, 항바이러스제는 바이러스를 제대로 파괴하지 못하고 다만 증식을 일정 부분 방해하고 억제하는 수준에 그친다고 합니다.

항바이러스제는 바이러스 감염 치료와 바이러스 전파력 억제에 부분적이고 제한적인 도움을 주는 정도입니다. 바이러스 감염으로 인한 증상을 완화하거나 사망률이나 중증률을 낮추는 정도의 효과를 보여왔습니다. 완벽하지는 않지만 그나마 효과가 있습니다. 다만 항생제 정도의 효과를 보려면 아직 더 많은 연구가 필요한 실정입니다.

더욱 문제는 바이러스가 자주 변이를 일으킨다는 점입니다. 기껏 바이러스 억제제를 개발해도 바이러스가 증식하는 과정에서 변이를 일으키면 해당 항바이러스제가 제대로 듣지 않을 수가 있다는 이야기입니다. 바이러스의 이러한 특성 때문에 자칫 치료제가 제대로 작동하지 않을 가능성이 커지는 것이죠. 바이러스 때문에 생기는 질환에 대응할 뾰족한 치료법이 없는 이유입니다.

코로나19 유행 초기에는 이로 인한 폐렴 때문에 발생하는 고열과 통증, 기침 등의 증세만 완화하는 대증요법과 개인의 면역력에 의존할 수밖에 없었던 게 사실입니다. 폐렴은 상기도 감염인 감기나 독감과 달리 폐의 섬유화를 유발해 폐활량 저하 등 후유증이 계속될 수 있어 특히 위험합니다. 그래서 코로나19는 면역력이 떨어지는 노인과 어린이에게는 특히 치명적이었죠. 박테리아를 저지하는 항생제가 바이러스에는 효과가 없었기 때문에 백신이 나오기 전까지는 실질적으로 별다른 대처법이 없었습니다.

중동에서 비롯한 메르스

　21세기에는 코로나19 말고도 전 세계적으로 다양한 감염병이 발생했습니다. 2015년에는 한국에도 피해를 준 메르스가 발생해 전 세계로 퍼졌습니다. 박쥐에서 유래한 베타 코로나바이러스인 중동호흡기증후군은 코로나바이러스MERS-CoV에 의해 발병하는 바이러스성 급성 호흡기 질환입니다. 이 바이러스는 낙타나 박쥐 등의 동물에게서 전파되는 것으로 추정된다고 합니다.

　세계보건기구에 따르면 메르스는 2021년까지 전 세계에서 2566명이 감염돼 그중 34퍼센트인 882명이 숨졌습니다. 사우디아라비아에서 2173명이 감염돼 37퍼센트인 808명이 사망했습니다. 한국에서는 병원 내 감염으로 많은 사람에게 전염돼 186명이 감염되고 그중 20퍼센트인 38명이 안타깝게 목숨을 잃었습니다. 아랍에미리트(92명 발생, 13명 사망)와 요르단(19명 발생, 6명 사망), 카타르(19명 발생, 5명 사망), 오만(11명 발생, 3명 사망) 등 중동 지역을 중심으로 번졌습니다.

중화권 강타한 사스

이보다 앞선 2002~2004년에는 사스가 중국과 홍콩을 중심으로 아시아를 비롯해 호주, 북미, 남미, 유럽 등 전세계 30여 개 국가로 확산했습니다. 중중급성호흡기증후군 코로나바이러스SARS-CoV에 감염되면서 고열 등이 발생하는 호흡기 질환입니다. 세계보건기구에 따르면 전 세계에서 8100명 이상이 이 질환에 감염돼 911명이 숨진 것으로 집계됐습니다. 치명률은 10퍼센트로 나타났습니다. 조사 결과 박쥐에게서 발생해 사향고양이에게로 넘어간 뒤사람에게 감염되기 시작했다고 하네요.

이 질환은 주로 중국과 홍콩, 대만, 싱가포르 등 중화

권에서 감염자가 많았습니다. 중국은 5327명이 감염돼 6.6퍼센트인 349명이 숨졌고, 홍콩은 감염자 1755명에 사망자가 299명으로 치명률이 17퍼센트에 이르렀습니다. 대만에서는 346명 발생에 73명 사망(치명률 21.1퍼센트), 싱가포르가 238명 발생에 33명 사망(치명률 13.9퍼센트)으로 나타났습니다.

중화권 외에는 캐나다에서도 251명이 감염돼 44명(치명률 17.5퍼센트)이 숨졌습니다. 한국에서는 3명이 감염된 것으로 보고됐는데 모두 무사했습니다. 당시 한국인들이 김치를 즐겨 먹는 것이 사스 확산을 막는 데 도움이 됐다는 주장이 제기됐지만 과학적으로는 증명되지는 못했습니다.

높은 치명률로
공포 불러일으킨 에볼라

　　2013~2016년에는 서부 아프리카 기니와 라이베리아, 시에라리온을 중심으로 치명률이 높은 감염병인 에볼라가 유행했습니다. 감염자가 이동해 이웃 나이지리아와 말리, 세네갈, 그리고 유럽의 스페인과 영국, 이탈리아 등에서도 발견됐지만 확산으로 이어지지는 않았습니다. 미국에서는 서부 아프리카에서 본국으로 이송된 미국인 환자를 치료하던 의료진이 감염됐습니다. 하지만 서부 아프리카를 제외하면 제한적인 감염에 그쳤습니다.

　　에볼라는 인간이 에볼라 바이러스에 감염돼 발열, 전신 통증, 두통, 구토와 함께 간과 신장이 나빠지면서 출혈 증상도 나타나는 질병입니다. 이 때문에 '에볼라 출혈열'로도 불립니다. 세계보건기구는 당시 전 세계적으로 2만 8646명이 감염돼 1만 1323명이 숨진 것으로 집계했습니다. 어떤 지역에서는 사망률이 70퍼센트가 넘을 정도로 높아 공포의 대상이 됐습니다.

하지만 이 병을 일으키는 원인 바이러스인 에볼라 바이러스가 공기 중으로 퍼지지는 않아 환자를 만지지만 않으면 병이 옮지 않기 때문에 그렇게 두려워할 필요가 없다는 지적이 있습니다. 당시 미국의 버락 오바마 대통령은 이송된 미국인 환자를 치료하던 중 감염됐다가 회복된 간호사와 가족을 백악관으로 초청해 포옹하는 장면을 공개했습니다. 에볼라에 대한 대중의 비과학적인 공포감을 지도자의 솔선수범으로 누르려는 의도로 보입니다. 전문가인 과학자와 의료진을 믿고 신뢰하는 정치 지도자의 노력 덕분에 미국 국민은 안심할 수 있었을 것입니다.

서부 아프리카에서 조사한 결과 입원 환자의 사망률은 조사 대상에 따라 57~59퍼센트로 입원하지 못한 경우보다 낮았습니다. 병원에 입원해서 의료진의 보살핌을 받으면 살아남을 가능성이 커지는 것으로 확인되었지요. 고열이 나고 설사를 하는 게 주요 증상이라, 링거를 맞는 등 수분을 적절하게 공급하고 관리만 잘하면 환자가 자신의 면역력으로 생존할 가능성이 큰 것으로 분석됐습니다.

보건의료 열악한 곳에서 퍼져
사망률 높아

에볼라 발생 지역인 서부 아프리카가 공중보건과 의료수준이 비교적 열악한 곳이라 사망률이 높았다는 지적도 설득력을 얻고 있습니다. 실제로 아프리카에서는 매년 HIV(인간면역결핍바이러스)/AIDS(후천성면역결핍증후군)만으로 100만 명 이상이 숨지고, 아프리카 어린이 수십만 명은 말라리아와 설사로 사망합니다.

에볼라는 그 뒤에도 사그라지지 않고 2014년과 2018년 중부 아프리카의 콩고민주공화국에서 다시 발생해 각각 사망자가 수십 명 나왔습니다. 그러다 2021년 콩고민주공화국을 중심으로 다시 에볼라가 대대적으로 발생했습니다. 일부 환자가 흘러 들어간 이웃 우간다를 합쳐서 감염자가 3470명 발견되고, 이 가운데 66퍼센트인 2280명이 숨졌습니다.

1995년 자이르(현 콩고민주공화국)에서 과학자들이 수집한 동물의 샘플로 에볼라 바이러스를 검사하고 있다. 주로 서부 아프리카 지역에서 발생하는 에볼라는 치명률이 높고 감염자가 많이 발생하는데도 백신이 아직 없다.

2019년 우간다 동부의 난민촌에 간 적이 있습니다. 난민촌은 콩고민주공화국 국경인 르웬조리산과 가까운데, 그곳에서 전쟁과 굶주림을 피해 수많은 사람이 국경을 넘어 피신해 오는 장면을 볼 수 있었습니다. 당시 우간다 당국과 유엔난민기구UNHCR 같은 국제 인도주의 기구, 그리고 민간 인도주의 단체 직원들이 국경을 넘어온 콩고민주공화국 난민들을 버스에 태운 뒤 임시수용소로 데려가고 있었습니다.

난민들은 임시수용소에서 2주 정도 머물며 감염병에

걸리지 않았는지 확인하고, 충분한 식량과 의약품을 공급받으며 기력을 회복한 뒤 인근에 정착한다고 했습니다. 언제 에볼라가 퍼질지 몰라 철저히 조심하는 모습이었습니다.

국경 검문소에서 콩고민주공화국 난민을 상대로 하루 종일 발열 여부 등 건강 상태를 확인하다 인근 마을로 돌아온 의사도 만날 수 있었습니다. 전염병은 물론 가난과 내전 등 사람을 고향에서 살지 못하게 하는 여러 가지 어려운 상황을 동시에 확인할 수 있는 기회였습니다.

문제는 치명률이 높고 감염자가 많이 발생함에도 에볼라 백신이 여전히 개발되지 않고 있다는 사실입니다. 에볼라 감염증은 1976년 수단과 자이르(현 콩고민주공화국)에서 처음 모습을 드러냈으며, 그 뒤 연구를 통해 정체가 밝혀졌어요. 과일박쥐가 가장 유력한 숙주로 짐작되고 있다고 합니다. 백신에 대한 연구도 진행되고 2016년 일부 실험에도 들어갔습니다. 하지만 여전히 임상시험을 마친 최종 제품은 나오지 않고 있어요.

백신 개발이 늦어지는 데는 가난한 서부 아프리카만을 상대로 많지 않은 양을 공급할 수밖에 없어 선뜻 개발 투자에 나서는 바이오기업을 찾기 어렵다는 현실적인 문제가 있다고 하네요. 전 세계 모든 인류가 소속 국가의 경제력에 상관없이 감염병으로부터 자신을 지킬 수 있는 백신을 공급받을 수 있도록 유엔을 비롯한 국제기구와 경제력을 자랑하는 나라들이 나서야 한다는 주장이 나오는 이유입니다.

1981년 발견된 HIV/AIDS, 21세기에도 인류 위협

HIV/AIDS는 1981년 처음으로 존재가 확인됐어요. 유엔기구인 유엔에이즈합동계획UNAIDS에 따르면 2022년까지 전 세계에서 8560만 명(추정 범위 6480만~1억1300만 명)이 HIV에 감염됐다고 합니다. 이 가운데 4040만 명(추정 범위 3290만~5130만 명)이 HIV와 관련한 질병으로 목숨을 잃은 것으로 추정합니다.

HIV 감염과 이로 인한 AIDS 발병은 지금도 계속되고 있습니다. 세계보건기구WHO는 이를 세계적인 유행, 즉 팬데믹으로 선포하고 경각심을 높여왔습니다. 2022년 기준으로 전 세계에서 3900만 명(추정 범위 3310만~4570만 명)이 HIV에 감염된 채 살고 있다고 합니다. 2022년 한해에만 130만 명(추정 범위 100만~170만 명)이 새로 HIV에 감염됐다고 하네요.

다만 HIV는 항바이러스제가 여러 가지 있고, 의약품 여러 가지를 동시에 투여하는 칵테일 요법 등으로 치명률이 떨어지고 있어 어느 정도 관리가 되고 있다고 하겠습니다. 이에 따라 HIV/AIDS 감염이 확인되어도 평생 이를 안고 사는 사람이 많아지고 있습니다. 치명적인 감염병에서 '함께가는' 만성병으로 인식이 바뀌게 된 것이죠.

HIV/AIDS는 미국과 유럽 등 부강한 나라에서 많이 나타났습니다. 암, 심장병과 함께 주요 사망 원인이 됐습니다. 이에 따라 암, 심장병, HIV/AIDS는 정부와 민간 등에서 수많은 연구비를 투자하는 주요 대상이 됐습니다. 이러한 연구 투자의 결과 에이즈의 정체가 밝혀지고 이에 대응할 수 있는 관련 약물과 치료법이 착착 개발됐습니다.

이처럼 HIV/AIDS 치료는 경제적 사정이 좋은 지역과 그렇지 못한 지역 사이에 심각한 차이를 만들고 있습니다. 예로 2005년 한 해에만 2400만~3300만 명이 HIV/AIDS로 숨졌는데, 사망자의 3분의 1이 가난하고 보건의료 시설이 열악한 사하라 사막 이남 아프리카 지역에 집중돼 있다는 지적입니다. 21세기 들어 HIV/AIDS는 아프리카의 풍토병으로 자리 잡고 있으며, 피해자도 이 지역에 집중되는 경향을 보입니다.

미국과 유럽에서 개발한 HIV/AIDS용 항레트로바이러스제는 사망률을 줄인다고 해요. 하지만 상당수 아프리카 지역은 이를 충분히 공급할 경제적 형편이 되지 못하죠. 그래서 어린이를 포함한 수많은 사람이 감염되고 있습니다. 이에 따라 사망자가 상당한 규모인 것은 물론 HIV/AID로 부모를 잃은 고아가 양산되고, 아이가 감염됐는데도 부모가 치료제를 살 형편이 되지 않는 등 사회문제까지 대량으로 생기고 있어요.

아프리카의 HIV/AIDS 문제가 제대로 해결되지 못하면 현지 주민의 목숨과 건강 유지는 물론 사회의 존속도 어려워질 수 있습니다. 국제사회가 한시라도 빨리 나서야 할 이유입니다.

역사 속 전염병-흑사병

인류의 역사는 감염병과의 싸움에서 또 다른 감염병과의 싸움으로 이어졌다고 해도 지나치지 않을 정도입니다. 오랫동안 수많은 감염병의 도전에 맞서 치열하게 투쟁한 끝에 극복했다고 할 수 있습니다. 인류가 아직 지구별에 살고 있다는 사실은 숱한 희생을 당하면서도 감염병과의 싸움에서 결국 이겨왔기 때문이 아닐까요? 인류를 괴롭혔던 역사 속 감염병을 알아봅시다.

역사상 인류에 가장 큰 타격을 입힌 감염병으로는 14세기인 1346~1353년에 걸쳐 유럽과 아시아, 중동 등 전 세계에 유행했던 흑사병을 꼽을 수 있겠습니다. 이 병에 걸린 환자들은 겨드랑이와 사타구니가 달걀만 하게 부어오르고 높은 열과 심한 두통, 구토와 무력감에 시달리다가 죽어 갔다고 합니다. 고통이 너무 심해서 감염자들은 신경질적으로 마구 고함을 질렀다고 합니다.

특히 감염자들은 내출혈, 즉 몸 안에서 출혈이 생기면서 몸 곳곳의 피부에 거무죽죽한 피멍이 들며 숨져갔다고 합니다. 피부가 흑색으로 변하면서 죽어가는 바람에 환자 본인은 물론 이를 지켜본 주변 사람들까지 심한 공포에 빠뜨렸다고 하는군요. 살아남은 사람들도 트라우마에 시달릴 수밖에 없었던 것으로 추정합니다.

흑사병은 세계사의 흐름을 바꿀 정도로 널리 퍼지고 희생자가 많았던 재앙적인 감염병입니다. 유럽은 물론 중앙아시아와 중국 국경까지 당시 페스트의 균주가 발견됐다고 하니 이 병이 얼마나 널리 퍼졌는지 짐작할 수 있습니다.

일부 학자들은 14세기 흑사병의 유행으로 당시 유럽과 인도 인구의 3분의 1에서 절반가량, 중국 인구의 절반이 목숨을 잃은 것으로 추정합니다. 1346~1353년 당시 4억 5000만 명으로 추정되던 전 세계 인구가 3억 5000만~3억 7500만 명으로 줄어들 정도였다고 하네요. 사망자가 7500만~1억 명에 이르렀다는 이야기죠.

학자에 따라서는 최대 2억 명이 목숨을 잃었다고 추정하기도 합니다. 적어도 인류 서너 명 중 한 명, 많으면 둘 중 한 사람이 이 병으로 목숨을 잃었다는 이야기입니다. 지금처럼 항공로를 통해 전 세계가 연결된 글로벌 시대에 이런 전염병이 발생했다면 20억 명 정도가 사망했을 것으로 추정하는 학자도 있습니다. 그야말로 대재앙입니다.

그렇다면 흑사병의 정체는 무엇일까요? 14세기 당시에는 이 전염병의 원인도, 전파 경로도 몰랐기 때문에 '공포의 질환'이라며 두려워만 했습니다. 20세기 들어 당시 사망자의 유골에서 채취한 DNA를 분석한 결과 흑사병은 쥐 등에 기생하는 쥐벼룩이 옮기는 세균인 페스트균Yersinia pestis에 의해 발생하는 것으로 드러났습니다. 이 병은 영어로는 플라그Plague, 독일어로는 페스트Pest로 부릅니다. 프랑스어로도 페스트Peste로 부르는데 철자가 달라요.

페스트는 감염 경로와 부위에 따라 가래톳 페스트 Bubonic Plague(림프절 페스트)와 패혈증 페스트Septicemic Plague, 폐 페스트Pneumonic Plague 세 종류로 나뉩니다. 가래톳 페스트와 패혈증 페스트는 쥐에 붙어사는 쥐벼룩에 의해 페스트균이 퍼지면서 전염됩니다. 환자를 문 쥐벼룩에 물리거나 접촉한 사람이 새롭게 감염됩니다. 쥐와 쥐벼룩이 전염의 매개체 역할을 한 것이죠.

폐 페스트는 통상 감염된 사람이 기침, 재채기를 하거나 말을 할 때 입에서 나오는 작은 물방울인 비말이 공기를 통해 전파되면서 다른 사람에게 옮깁니다. 가래톳 페스트는 물린 피부에서 가까운 넓적다리 윗부분의 림프샘이 부어 멍울이 생깁니다. 패혈증 페스트는 병을 일으키는 세균이 인체의 혈액 안에 침입해서 전신 감염으로 이어집니다. 폐 페스트는 폐 부위에 감염되면서 증세가 나타납니다.

흑사병은 어디에서 시작되고 어떻게 퍼졌을까요? 학자들은 흑사병이 홍수, 기근, 전쟁, 지진과 같은 환경적인 격변이 일어날 때 숲을 떠나 인간사회로 먹이를 찾아 들어온 야생 쥐에서 비롯된 것으로 봅니다. 14세기 흑사병은 병란, 기아 등에 시달리던 중국에서 시작해 실크로드를 통해 이동하는 상인들을 따라 중앙아시아로 옮긴 것으로 추정합니다.

14세기에 중국 사람들은 잦은 전란과 기근으로 면역력이 매우 떨어져 있었던 것으로 보입니다. 그런 중국과 중앙아시아에서 큰 피해를 낸 이 병은 1347년 흑해 북쪽 크

흑사병이 대유행하던 시절에는 이를 전문적으로 다루는 의사가 있었다. 17~18세기 흑사병 의사들은 밀랍을 바른 외투에 긴 부리가 달린 새 가면을 착용했다고 한다.

림반도의 페오도시야 항구를 통해 유럽으로 건너가 대량 발병했다고 합니다.

페스트의 대유행은 14세기가 처음이 아닙니다. 6세기인 541~542년 동로마 제국과 지중해 연안 각지, 그리고 지금의 이란과 중동 지역인 사산조 페르시아 제국 등에서도 페스트가 대대적으로 발생했습니다. 당시 이 병에 걸렸다가 살아남은 동로마 제국 황제의 이름을 따서 '유스티아누스 페스트'로 불립니다.

페스트의 대유행은 14세기가 끝도 아니었습니다. 페스트는 14세기 대유행 이후에도 규모가 조금 작아졌을 뿐 여러 차례 유럽 등 세계 각지에서 인류를 괴롭혔습니다. 14세기의 유행이 지난 300년 뒤인 1665~1666년 영국에 흑사병이 다시 유행하자 케임브리지대학교가 일시 문을 닫았습니다. 그래서 학생이던 아이작 뉴턴은 휴학하고 한적한 시골에 가서 자연을 관찰하고 사색하며 지냈습니다. 전염병이 돌면 이를 피하기 위해 도시 등 사람이 많은 지역을 떠나 인구가 희박한 시골로 피신하는 것은 14세기나 17세기나 차이가 없었습니다.

그 기간 중 뉴턴이 사과나무에서 떨어지는 사과를 보고 '만유인력의 법칙'에 대한 영감을 받았다는 이야기가 전해옵니다. 그뿐만 아니고 수학과 천문학, 물리학과 광학 분야에서 중요한 발견도 이뤘다고 하네요.

페스트는 지금도 지역에 따라 간혹 나타나기도 합니다. 하지만 다행히도 이제는 발병 원인과 전파 경로를 밝혀냈으니만큼 희귀병으로 취급받는 정도입니다. 아울러 제대로 치료하면 사망률을 낮출 수 있게 됐습니다.

흑사병이 유행하던 14세기에는 이 병의 정체는 물론

전파 경로도 알지 못했기 때문에 마을이나 성에서 외부인의 접근을 무조건 경계하고 막는 일이 예사로 벌어졌습니다. 때로는 종교나 출신이 다른 집단의 사람을 '감염원'으로 여겨 배척하고 박해하기도 했습니다. 유럽의 기독교 공통체와 종교가 다른 유대인을 집단으로 박해하거나 학살하는 일도 벌어졌다고 합니다. 질병이 아닌 인간끼리 서로 감염원이라도 되듯 증오하고 혐오하면서 문제를 만든 셈이죠. 코로나19의 범유행 당시에도 비슷한 일이 전 세계에서 벌어졌고요.

그렇다면 왜 이 병에 '검다'라는 표현을 붙였을까요? 환자의 피부가 검게 변하면서 죽음을 맞은 것도 한 이유로 볼 수 있습니다. 여기에 고대부터 전염병에 의한 죽음을 '검다'고 표현한 전통도 작용한 것으로 보입니다. 고대 그리스의 작가 호메로스는 『오디세이아』에서, 고대 로마의 문학가이자 사상가, 정치가인 루키우스 안나이우스 세네카는 자신이 쓴 글에서 각각 자신의 시대에 유행했던 전염병을 '검은 죽음'이라고 표현했다고 합니다. 고대에도 환자가 급하게 사망하고 몸이 검게 변한 것을 보고 그렇게 표현한 것으로 보입니다.

14세기 당시에는 이를 흑사병Black Plague 또는 Black Death 으로 부르지는 않았습니다. 유럽에서는 라틴어로 불행이나 전염병을 가리키는 페스티스Pestis나 독소를 뜻하는 페스틸렌시아Pestilentia, 유행병을 의미하는 에피데미아Epidemia, 죽음을 뜻하는 모르탈리타스Mortalitas 등으로 기록했습니다. 그 뒤 17세기부터 흑사병으로 간간이 표기하다, 19세기에 접어들면서 과거 14세기에 유행했던 이 전염병을 흑사병으로 부르기 시작했습니다.

20세기의 범유행, 스페인 독감

20세기 초 제1차 세계대전이 끝날 무렵인 1918년 시작돼 1919년까지 전 세계에 퍼졌던 스페인 독감도 인류에게 재앙적인 감염병이었습니다. 처음에는 감기에 걸린 듯한 증상을 보이다가, 심한 기침을 하고 호흡 곤란을 겪는 등 폐렴 증상을 보이며, 나중에는 피부가 검은빛으로 변하면서 목숨을 잃는 질병입니다.

인플루엔자 바이러스에 의한 전염병으로 크게 유행하면서 치명률도 높았다고 합니다. 당시에는 바이러스의 존재도 몰랐지만, 나중에 북극해 인근의 동토에 매장된 시신에서 샘플을 채취해 확인했더니 인플루엔자 바이러스로 드

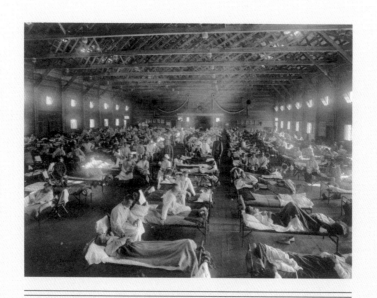

1918년 스페인 독감이 유행했을 당시 미국 캔자스의 한 병원. 스페인 독감은 제1차 세계대전 중 미국에서 처음 발병했다.

러났다고 합니다.

스페인 독감은 전 세계에서 약 5억 명이 감염되고 제1차 세계대전 사망자보다 많은 2500만~5000만 명의 목숨을 앗아간 팬데믹이었습니다. 1억 명이 목숨을 잃었다는 추정도 있습니다. 흑사병과 더불어 인류 역사상 가장 끔찍했던 감염병으로 기록됩니다.

당시 희생자로는 전 세계적으로 인기를 얻고 있는 작

품 〈키스〉를 그린 오스트리아의 화가 구스타프 클림트가 있습니다. 그의 제자이자 〈죽음과 소녀〉로 이름을 날린 에 곤 실레도 이 병으로 목숨을 잃었습니다. '미라보 다리 아 래 센 강이 흐른다'라는 시로 유명한 프랑스 시인 기욤 아폴 리네르, 『프로테스탄트 윤리와 자본주의 정신』이란 저서로 명성을 얻은 독일 사회학자 막스 베버, 브라질 대통령 로드 리게스 알베스 등도 이 병으로 숨졌습니다.

스페인 독감은 한국에도 번졌습니다. 무오년인 1918 년에 퍼져 '무오년 독감'으로 불렸는데, 740만 명이 감염 돼 14만 명의 희생자를 낸 것으로 추정된다고 합니다. 스 페인 독감은 제1차 세계대전 중 미국에서 처음 발견됐습니 다. 전시라 언론이 통제돼 제대로 보도가 되지 않는 상황에 서 당시 참전하지 않아 보도가 자유로웠던 스페인에서 이 를 많이 보도해 스페인 독감으로 불렸다고 합니다.

말라리아는 학질모기가 옮기는 전염병입니다. 모기가 사람을 물면 침샘에 있던 말라리아 원충이 인간 몸에 들어 가 자라면서 병을 일으킨다고 합니다. 주로 열대 지방에서 많이 발생하며 발열, 구토, 두통을 거쳐 황달과 발작, 혼수 상태로 이어져 심하면 사망합니다.

말라리아는 모기가 서식하는 물이 고인 장소를 줄이고 모기장을 치며 방충제로 모기를 퇴치하면 막을 수 있다고 합니다. 말라리아 발병을 예방하는 약도 개발돼 있습니다. 그럼에도 전 세계에서 매년 2억~3억 명이 감염되고 수백만 명이 목숨을 잃는 전염병입니다. 빌 게이츠가 이 병을 퇴치할 방법을 개발한 사람에게 천문학적인 액수의 상금을 걸기도 했습니다.

수인성 전염병으로 환자가 설사와 구토로 탈수 증상을 보이다 사망할 수 있는 콜레라도 세계 곳곳에서 수시로 발생하고 있습니다. 19세기에 영국 런던에서 우물이 오염되면서 대대적으로 발생한 적이 있을 정도로 흔한 감염병입니다. 그 뒤 위생과 급수를 개선해 근본적인 예방이 가능해지면서 지금은 적도 주변의 가난하고 더운 지역에서 주로 발생합니다. 콜레라는 지금도 매년 300만~500만 명에게 발생해 2만~3만 명의 목숨을 앗아가고 있습니다.

모기에게서 전염돼 환자가 발열과 두통, 구토 등을 일으키다 죽어가는 황열병도 19~20세기에 많은 문제를 일으켰습니다. 1881년 시작된 파나마운하 건설 공사 당시 황열병이 대대적으로 번져 건설 노동자 2만 1900명이 목숨을 잃었습니다. 그 뒤 미국 정부와 학자들의 연구와 노력 끝에 원인을 밝혀내고 대응법을 찾아냈습니다. 황열병을 옮기는 모기의 서식지인 습지나 물이 고인 웅덩이를 없애고, 대대적인 방역을 하면서 황열병을 극복할 수 있었습니다.

3

국경을 넘나드는 바이러스와 그에 대응하는 법

국경을 넘나드는
바이러스와
그에 대응하는 법

초연결 시대

　코로나19가 우리를 강타하기 직전인 2019년 세계를 여행한 해외 관광객은 얼마나 됐을까요? 14억 6000만 명입니다. 전 세계 인구가 80억 명이 넘으니 약 15퍼센트 정도는 세계 곳곳으로 여행을 다닌 것입니다. 이 통계는 유엔세계관광기구UNWTO가 각 지역에 도착한 인구를 기준으로 낸 것인데, 이미 2018년 이 기구가 예측한 것보다 2년이나 빨리 여행객이 14억 명을 돌파한 바 있답니다.

　사람뿐만이 아닙니다. 같은 해 미국, 캐나다, 독일, 영국, 프랑스, 중국, 일본, 인도 등 13개 국가에서 13.5킬로그램 미만의 국제 택배가 오고 간 건수는 1030억 건 정도로 7년 새 세 배로 늘었습니다. 컨테이너 물동량은 8억 880만 TEUTwenty-foot Equivalent Units(길이 20피트, 높이 8피트, 폭 8피트인 컨테이너 단위를 1TEU라 한다. 물류가 이동하는 양을 측정하는 단위로 활용된다)로 10년 내내 성장세를 보였습니다. 한국으로 범위를 좁혀서 보면, 2019년 국내 총출입국자는 9354만여 명으로 역대 최고치를 기록했습니다. 19년 전인 2000년 총출입국자가 2180만여 명이었으니 네 배가 넘게 증가한 규모입니다.

누구든 마음만 먹으면 손쉽게 이 나라에서 저 나라로 여행을 떠날 수 있습니다. 멀리 있는 친구에게 소포를 보낼 수도 있고, 원하는 상품을 어디에서든 주문하고 어디에서든 배송받을 수 있는 시대에 우리는 살고 있습니다. 선박과 항공 등 교통수단이 발달하고 이동 경로가 다양해진 데다 국가 간 교류가 늘어나면서 사람들은 국경을 넘어 세계를 무대로 활동해 왔습니다.

컴퓨터, 통신 등 디지털 기술로 그 변화 속도는 최근 들어 더욱 빨라졌습니다. 여행을 가서 즐겼던 열대 과일을 항공 택배를 통해 며칠 만에 산지로부터 수천 킬로미터 떨어진 곳에서 신선한 상태로 받아서 즐기는 정도에 이르렀지요. 사람과 물류가 모두 보이지 않는 길을 따라 전 세계에 연결된 상태가 되었습니다. 이른바 초연결 시대입니다. 이

보이지 않는 연결망을 타고 여기저기 움직이는 건 사람과 물건, 식품만이 아닙니다. 바이러스도 마찬가지입니다.

국경을 넘나드는 바이러스

사실 교통수단과 디지털 기술이 세계를 더 촘촘히 연결하기 전에도 바이러스는 얼마든지 국경을 넘나들 수 있었습니다. 조류독감을 예로 들어봅시다. 조류독감은 원래 야생에 사는 새가 갖고 있던 바이러스였습니다. 그런데 이 바이러스가 우리 주변에서 가축으로 길러지는 닭이나 오리 등 가금류에게 전파되고, 사람에게까지 전염되어 치명적인 감염을 일으키게 된 것이지요. 특히 1990년대 이후 좁은 축사에 많은 수의 가축을 기르는 공장식 축산 방식이 퍼지면서 조류독감이 발생할 확률은 더욱 높아졌습니다. 날개

달린 철새가 계절에 따라 이동하는 걸 막을 수는 없습니다. 철새와 함께 이동하는 바이러스도 마찬가지고요.

문제는 바이러스가 국경을 넘는 경로가 훨씬 다양하고 복잡해지고 밀접해졌다는 겁니다. 중국 우한에서 처음 시작된 코로나19 바이러스로 인한 감염병은 불과 두 달여 만에 우한을 벗어나 한국을 비롯해 필리핀, 일본, 싱가포르, 태국, 말레이시아, 베트남 등 아시아는 물론 미국 등 북아메리카, 그리고 프랑스, 독일, 이탈리아 등 유럽, 아랍에미리트와 호주까지 삽시간에 퍼져 나갔습니다. 유엔 국제이주기구International Organization for Migration, IOM는 여행과 무역을 통해 세계가 상호 연결되어 있어 특정한 장소에서 병원체가 출현하거나 준비되지 않은 상태에서 공중보건의 위기를 맞게 되면 세계 모든 곳에 보건 위험 상황이 초래될 수 있다고 지적합니다.

예를 들어 알려지지 않은 신종 바이러스에 감염된 사람이 해외여행을 갔다고 가정해봅시다. 이 사람은 공항에 가서 비행기를 탔을 것이고, 여행 목적지 국가의 호텔에 머무르면서 다양한 교통수단을 이용했을 거예요. 돌아오는 길에 환승을 했을 수도 있고, 본국 공항을 통해 입국했겠지요.

여행객이 거쳐 간 공항이나 관광지 같은 장소는 유동 인구가 매우 많은 곳입니다. 관광지에서는 여행객과 지역 사회 거주자 간에 상호작용이 활발히 이뤄지고, 호텔에는 세계 여러 국가에서 온 다른 관광객들이 함께 머물렀을 겁니다. 이 관광객들이 혹시라도 신종 바이러스에 노출됐다면 자기도 모르는 사이 각자의 고국에서 바이러스를 전파하는 역할을 할 수도 있습니다. 바이러스를 지닌 야생 조류가 신종 바이러스를 퍼뜨리는 것과는 속도와 규모 면에서 엄청난 차이가 날 수밖에 없겠지요.

실제로 2002년 11월 중국에서 발병한 사스가 전 세계로 퍼져 나간 경로도 비슷합니다. 광둥에서 첫 사스 의심 환자가 발생한 뒤 감염병이 광둥 전체로 퍼져 나가기 시작했습니다. 당시 중국은 이를 외부로 알리지 않았지요. 하지만 바이러스가 국경을 넘는 건 시간문제였습니다.

2003년 2월 광둥에서 일하던 의사 리우 지앙룬은 홍콩을 방문해 한 호텔에서 묵었습니다. 그러던 중 증상이 나타나기 시작했죠. 의사였던 그는 홍콩의 병원에 방문해 자신이 전염되는 질병에 걸린 것으로 의심되니 격리해달라고 요청했고, 결국 숨졌습니다. 이후 비슷한 시기 리우 지앙룬과 같은 호텔에 묵었던 캐나다인을 비롯해 싱가포르 등 아시아 각국 방문객들을 통해 여러 나라로 번져 나갔습니다.

전 세계가 바이러스에 대응하려면

코로나19 발병 초기 정체 모를 바이러스가 확산하자 각 국가는 국경을 먼저 폐쇄했습니다. 비행기나 배 등을 이용해 다른 국가에서 들어오는 사람들을 막는 방법을 택한 것이죠. 물리적으로 외국인을 비롯한 방문객의 입국을 금지해 바이러스가 유입되는 것을 막겠다는 취지의 정책이었습니다. 미국 뉴욕, 영국 등에서는 아예 도시 사이의 이동을 막는 통행 제한 조치를 취하기도 했습니다.

각국이 앞다퉈 채택한 입국 금지나 봉쇄 조치는 지푸라기라도 잡아보는 심정에서 쓸 수 있는 수단을 동원한 것이었겠지만, 결과적으로 바이러스의 유입을 원천적으로 차단하는 데는 큰 효과가 없었다는 평가가 많습니다. 통행을 막는 조치가 감염병이 확산되는 시점을 늦출 수 있고, 그 시간 동안 방역이나 의료 체계를 갖출 시간을 벌 수 있었지만, 장기적으로 보면 감염병 확산 자체를 막아내기에는 역부족이었다는 겁니다.

오히려 이런 조치가 밀입국 등을 부추기고 방역에 허점이 생길 수 있다는 것이 당시 세계보건기구WHO의 지적이었죠. WHO는 개별 국가마다 적절하다고 판단하는 방역 조치를 취할 수 있지만, 공식적인 루트를 열어 두고 모든 입국자를 꼼꼼하게 검역하고 격리하는 것이 감염병 대응에 더 효과적일 것이라는 입장을 밝혔습니다.

WHO는 이처럼 한 국가의 수준을 넘어 세계적인 차원에서 질병을 퇴치하고 감염병에 대처하는 등 국제 보건 협력을 이끄는 것을 목적으로 합니다. 유엔 산하 기구인 WHO는 1948년 4월 7일에 설립됐고, 2023년 8월 기준으로 회원국은 194개입니다. 유럽에 위치한 리히텐슈타인을 제외하고 대부분의 유엔 회원국이 WHO에도 소속돼 있습니다. 팔레스타인은 미국과 이스라엘의 반대로 회원국이

스위스 제네바에 있는 세계보건기구 본부.

아니지만 참여가 가능한 '옵서버'로 가입했습니다.

설립 당시부터 이 기구는 당시 만연했던 감염병에 대응하는 업무에 집중했습니다. 말라리아와 결핵이 대표적이었어요. 지금은 일부 지역을 제외하고는 감염자가 많이 나오지 않고 치료 또한 가능하다고 알려진 질병들이지만, 1950~1960년대에는 말라리아와 결핵으로 사망하는 사람이 많았습니다. 특히 경제적으로 발전하지 못해 위생 상황이 열악한 저개발 국가에서는 영양 상태도 부실하고 다양한 질병이 만연한 상태였습니다. WHO는 이렇게 열악한 보건 인프라를 가진 빈국을 돕기 위해 1950년부터 결핵 예방을 위한 BCG 백신 접종 운동을 시작한 데 이어, 1955년 말라리아 프로그램을 시작합니다.

WHO는 천연두를 박멸하는 데에도 기여합니다. 천연두는 두창 바이러스에 감염되면 나타나는 질병으로 전염성과 치명률이 모두 높은 질병이었습니다. 20세기 들어서도 5억 명 넘게 이 병으로 사망했죠. 1958년 소련의 보건부 차관 빅토르 즈다노프는 WHO의 최고 의사 결정 기구인 세계보건총회World Health Assembly, WHA 연설에서 천연두를 박멸해야 한다고 촉구했습니다. 미생물학자이기도 한 그는 냉전이 한창이던 당시 미국과 소련이 함께 천연두 퇴치에 손잡아야 한다고 주장했지요. 이를 계기로 WHO는 천연두를 사라지게 하기 위한 예방접종 캠페인에 나서게 됩니다.

그로부터 21년 뒤인 1979년 과학자들은 천연두 박멸을 선언했고, 이듬해 세계보건총회는 이를 선언하기에 이릅니다. 의학과 과학이 이념을 뛰어넘어 질병과 싸우기 위한 국제적인 연대의 기초가 될 수 있음을 보여주는 사례이지요. WHO의 존재 의미도 바로 여기에서 찾을 수 있을 것입니다.

21세기 들어 WHO는 더 빠르게, 더 자주 나타나는 새로운 글로벌 감염병으로 분주했습니다. 에볼라, 지카, 사스, 메르스에서 코로나19에 이르기까지 신종 바이러스로 인한 감염병이 계속 발생했습니다. 이에 따라 글로벌 차원에서 각국의 감염병 대응 업무를 조율하고 총괄하는 역할을 WHO가 맡아왔습니다. 질병이 어느 정도로 심각하게, 얼마나 빠른 속도로 퍼져 나갈지를 예측해 경보를 울리고, 공동 대응을 위한 매뉴얼을 만드는 것이 WHO 업무의 핵심입니다.

이를 위해 감염병이 발생한 국가에서 정보를 수집하고 발생 원인을 추적하는 일도 합니다. 보다 장기적인 차원에서는 인류에 위협이 될 만한 감염병 바이러스를 예측하고, 치료법과 예방 백신을 만들기 위한 전문가들의 연구와 개발을 지원하는 것도 중요한 역할입니다.

WHO, 한계와 논란

　세계 공공 보건의 보호자 역할을 자처한 WHO. 하지만 스스로 명시한 목표인 "모든 사람이 가능한 최고 수준의 건강을 유지할 수 있도록" 활동하는 데에는 구조적인 한계가 있습니다. 우선 WHO가 권고 기관이라는 점입니다. WHO는 감염병과 관련한 구체적인 지침 등을 각국에 권고할 수는 있지만, 그 권고 사항을 실천하라고 강요할 권한이 없습니다. 또 감염병이 발생한 국가에서 신종 감염병이 발생했음에도 WHO에 통고하지 않을 경우 국제법을 위반한 것이지만 이를 제재할 권한과 방법이 없습니다.

　경제적인 문제도 있습니다. 국제기구로 여러 활동을 펼치려면 당연히 자금이 필요합니다. 약이나 의료 기구 등을 구입해야 하고 의료진과 사무직원들을 위한 인건비도 들기 때문입니다. WHO의 예산은 2020~2021년 58억 4000만 달러, 2022~2023년 67억 2000만 달러 규모입

WHO는 세계 보건사업의 지도와 조정, 회원국 정부 간의 기술원조를 장려하는 일을 한다. 코로나19처럼 유행성 질병 등을 퇴치하기 위한 활동들도 이에 포함된다.

니다. 이 예산은 회원국 정규 분담금과 유엔, 국제기구, 필란트로피(사회적 약자와 공익 등을 위한 자발적인 기부) 등의 자발적 기여금으로 충당됩니다.

정규 분담금을 가장 많이 내는 회원국은 미국입니다. 2022년을 기준으로 미국은 1억 930만 달러를 냈습니다. 뒤를 이어 중국, 일본, 독일, 영국, 프랑스, 이탈리아, 브라질 순으로 분담금이 많았습니다. 정규 분담금 이외의 지원도 많이 하는 미국은 단일 국가로는 가장 많은 돈을 내고 있습니다. 한국은 2022~2023년을 기준으로 약 2169만 달러로 열한 번째입니다. 하지만 의무적인 정규 분담금은 WHO의 재정에서 약 20퍼센트가량을 차지할 뿐입니다. 대부분은 자발적 기여금으로 충당되고 있습니다. 우리나라도 자발적 기여금을 5140만 달러 정도 내고 있습니다.

지원에 의존해야 하는 취약한 재정 구조가 WHO에 실제 위기가 될 뻔한 적이 있습니다. 코로나19가 창궐하던 2020년 당시 도널드 트럼프 미국 대통령은 WHO가 기본 의무를 하지 못했다며 미국 몫의 지원금을 중단하겠다고 밝혔습니다. 2019년을 기준으로 미국은 WHO 예산의 약 15퍼센트인 4억 달러가량을 지원해 왔습니다.

왜 갑자기 트럼프는 자금 중단을 선언했을까요? 그는 WHO가 코로나19 확산 대처에 실패했기 때문이라고 설명했습니다. WHO가 중국 우한에서 처음 발병한 코로나19 감염병에 미온적으로 대처하면서 위험 정도를 정확하게 파악하지 못했고, 중국 정부로부터 정보를 투명하게 밝혀내지 못했다는 것이지요. 그의 주장의 핵심은 WHO가 지나치게 "중국 중심적"이라는 것이었습니다. 미국에서 지원금을 받으면서 중국의 주장을 액면 그대로 받아들이고 중국 정부를 옹호하는 입장을 펼치는 바람에 코로나19에 제대로 대응하지 못했다는 주장이지요.

코로나19 발생 초기부터 WHO가 신종 바이러스로 인한 혼란을 제대로 정리하지 못한다는 지적이 일었던 것은 사실입니다. 2020년 1월 코로나19 바이러스가 사람 사이에 전파되는 근거가 없다거나, 중국 내의 비상사태이지 국제적 비상사태까지는 아니라고 하다가 국제 보건 비상사태 선포가 늦어졌어요. 이를 두고 WHO가 중국 편을 드는 것 아니냐, 정치적으로 편향된 것 아니냐는 이야기까지 나오게 된 것입니다.

실제 '팬데믹 준비 및 대응을 위한 독립적 패널'은 2021년 5월 발간한 보고서를 통해 "WHO가 코로나19 긴급위원회를 지난해 1월 22일 전까지 소집하지 않았고, '국제적 공중보건 위기 상황' 선포도 주저했다"며 코로나19 발생 초기 WHO와 중국의 조치가 늦었다는 점을 비판했습니다.

트럼프의 미국,
WHO 탈퇴서 제출

여기에다가 테워드로스 아드하놈 거브러여수스 WHO 사무총장이 2017년 사무총장으로 선출될 당시 중국의 전폭적인 지원을 받았다는 이력이 의심을 부추겼습니다. 당시 거브러여수스의 경쟁자는 오랫동안 WHO에서 근무했고 유엔 에볼라 대책 조정관을 지낸 영국 출신의 질병학자 데이비드 나바로였습니다. 에티오피아 출신인 거브러여수스가 그를 꺾은 데에는 아프리카에 경제, 외교적 영향력을 갖고 있던 중국의 도움이 있었다는 겁니다.

거브러여수스 당선 이후 중국은 WHO 지원금을 늘려갔고, 대만이 WHO의 세계보건총회에 수년째 초청되지 않는 등 중국의 영향력이 점점 커져갔습니다. 바로 이런 상황에서 트럼프 대통령이 WHO 지원금을 중단하겠다며 문제를 제기한 것입니다. 급기야 2020년 7월에는 탈퇴서를 제출했습니다.

거브러여수스의 전임인 마거릿 챈 사무총장 시절에도 WHO는 에볼라 발생 초기에 늑장 대응을 했다는 비판을 받았습니다. WHO의 내부 문서를 입수한 보도들을 보면, 2014년 초 WHO의 현장 요원들이 치명적인 에볼라 바이러스가 머지않아 서아프리카 전체로 퍼질 수 있다고 보고하면서 비상사태 선포를 본부에 건의했지만 두 달가량 보고가 묵살됐다고 합니다.

1000명 이상이 숨지고 나서야 WHO는 에볼라 바이러스의 위험성을 경고했습니다. 2014년 한 해 동안만 1만여 명 이상이 사망한 에볼라 바이러스에 대처하지 못하면서 WHO에 대한 국제사회의 신뢰는 크게 저하됐습니다. 이듬해 외부 인사들을 포함한 전문가평가위원회 평가에서도 "응급 보건 상황을 통제하고 조정할 만한 능력이 없다", "조직 전체 역량도 떨어지고 위기 상황을 대처할 만한 인력도 부족하다" 등의 혹독한 평가를 받았습니다.

그렇다고 지원금을 끊는 게 능사가 될 수 있을까요? 당장 트럼프 당시 대통령의 이런 행태에 대해서는 우려하는 목소리가 더 컸습니다. 거브러여수스 사무총장은 "전 세계적 차원에서 정직한 연대를 부탁드린다. 미국과 중국의 정직한 리더십도 요청드린다"며 "제발 코로나19와 정치를 분리해달라"고 말했습니다. 안토니우 구테흐스 유엔 사무총장도 "지금은 WHO를 비롯한 인도주의 기구들의 바이러스 퇴치에 대한 지원을 줄일 때가 아니라 국제사회가 연대하고 협력할 때"라고 호소했습니다.

오히려 트럼프 대통령의 이 같은 선택이 코로나19 대응 실패에 대한 미국 내 비판을 잠재우기 위한 정치적인 목적이라는 비판도 나왔죠. 그 틈을 타 중국은 오히려 국제 협력이라는 명분을 앞세워 국제 보건 영역에서도 힘을 키우고 있습니다. 중국은 코로나19의 영향을 받은 국가, 특히 개발도상국을 돕기 위해 2년 동안 20억 달러를 제공하겠다고 밝혔습니다.

감염병 글로벌 대응 체계 필요

WHO가 그간 보여준 한계에도 불구하고 자금이 줄어들어 그 기능을 제대로 수행하지 못하게 된다면, 인류에는 득보다 실이 많을 것이라는 예측이 지배적입니다. 당장 WHO가 없다면 의료보건 인프라가 제대로 갖춰지지 않은 아프리카나 중남미의 빈국들은 기본적인 질병 관리조차 제대로 할 수 없는 상황에 놓일 테니까요. '빌 앤드 멀린다 게이츠 재단' 공동 이사장인 빌 게이츠는 "보건 위기가 벌어지는 상황에서 WHO의 자금 지원을 끊는 것은 위험한 일이다. WHO를 대체할 기관은 없다"고 말하기도 했습니다.

트럼프의 후임인 조 바이든 미국 대통령은 전임자의 결정을 뒤집어 WHO에 복귀하기로 했고, 지원금도 원상복귀한다고 밝혔습니다. 게다가 세계가 하나로 연결되고 바이러스가 국경을 넘나드는 상황에서 국제적인 대응의 필요성은 더욱 커지고 있습니다. 특히 취약지를 보호하는 일은 더더욱 중요합니다. 특정 국가의 방역과 보건의 수준이 높고 감염병 대응 태세가 잘 갖춰져 있다고 하더라도, 그렇지 않은 국가가 있다면 언제든 다른 나라로 확산돼 전 세계가 감염병 위험지대가 될 수 있기 때문입니다.

그렇기에 앞으로 또다시 새로운 감염병이 계속 발생할 가능성을 상정하고, 빠르고 효율적으로 글로벌 대응 체계를 갖춰야 합니다. 국가를 넘어 보건의료 관련 국제기구, 비정부단체, 의사와 역학자 등 전문가, 제약사 등 다양한 주체가 협력하는 틀을 만드는 것도 중요하고요. 이런 역할을 하는 사령탑이자 조정자가 바로 WHO입니다. 문제가 있다면 고쳐야지 아예 조직을 해체해버리는 것이 꼭 능사가 될 수는 없습니다. 과거의 감염병 대응을 반면교사 삼아 더 나은 글로벌 보건 거버넌스를 구축하는 것이 WHO뿐만 아니라 인류의 안녕을 위해 필수가 아닐까 생각합니다.

더 읽어보기 ①

감염병 이름 붙이기,
그리고 차별과 혐오

　뇌 중앙 흑색질 부분의 도파민 신경이 파괴되면서 나타나는 신경퇴행성 질환인 파킨슨병, 대뇌 피질 세포가 퇴행해 기억력과 언어 기능 장애 등이 일어나는 치매의 일종인 알츠하이머병, 소화관 전체의 어느 곳에서라도 발생할 수 있는 염증성 장 질환을 말하는 크론병. 이 질병들의 이름은 해당 질병을 처음으로 보고한 의사의 이름을 따서 지어졌습니다. 19~20세기 초까지만 해도 이렇게 발견한 사람, 주로 의료인의 이름으로 질병 이름을 짓곤 했지요.

　코로나19의 경우는 어땠을까요? 처음에 코로나19는 '우한 폐렴'이라고 불렸습니다. 알려지지 않은 바이러스에

박쥐는 죄가 없다

감염된 사람이 최초로 나타난 곳이 중국 우한이었고, 이들이 폐렴에 걸렸을 때와 비슷한 증상을 보였기 때문에 '우한'과 '폐렴'이라는 단어를 합쳐 그렇게 불렀던 것으로 추정됩니다. 하지만 WHO는 이 감염병을 '신종 코로나바이러스2019 New Coronavirus, 2019-nCoV'라고 명명하고, 우한 폐렴 대신 이 명칭을 사용할 것을 권고했습니다. 이후 외국에서는 COVID19, 한국에서는 코로나19라는 명칭을 사용하기 시작합니다.

이는 2015년 WHO가 마련한 인간에게 전염되는 감염병 이름짓기 원칙에 따른 것입니다. WHO는 과학적으로 근거가 있으며scientifically sound, 사회적으로 수용 가능한 socially acceptable 적절한 이름을 붙일 것을 권고했습니다.

그리고 작명 시에 피해야 할 용어로 중동호흡기증후군MERS이나 스페인 독감처럼 지역 위치를 담은 것, 크로이츠펠트-야코프병처럼 사람 이름이 들어간 것, 돼지 인플루엔자나 조류 인플루엔자처럼 동물 또는 식품 이름이 들어간 것, 재향군인병처럼 특정한 문화나 주민, 직업, 산업군이 포함된 것, 종교나 민족 공동체에 부정적인 영향을 미칠 수 있는 것, '괴질'이나 '치명적' '유행성'과 같이 지나치게 두

코로나19가 중국에서 시작되었다는 이유로 미국과 호주, 유럽 등지에서 아시아인을 향한 혐오와 범죄가 급격하게 늘었다.

려움을 자극하는 것 등을 피해야 한다고 제안했습니다.

우한 폐렴이라는 명칭도 특정 지역을 낙인찍는 효과가 있기에 적절하지 않은 용어로 비판받습니다. 바이러스가 중국 탓이라고 인식하게 하는 명칭이며, 이 때문에 중국인을 향한 무분별한 혐오를 조장할 수 있다는 점도 지적됩니다. 실제 코로나19 발병 이후 미국과 유럽 등에서 최초 발병지가 중국이라는 이유로 아시아인을 향한 혐오 표현과 범죄가 급격하게 늘어난 것으로 나타났습니다. 특정 인종을 향한 범죄는 계속됐지만 코로나19 이후 아시아인을 향한 인종차별적 언사나 증오 범죄가 급격하게 늘어난 것입니다.

심지어 정치 지도자가 이런 혐오를 교묘히 부추기기도 했지요. 도널드 트럼프 전 미국 대통령은 코로나바이러스가 중국에서 온 것이 확실하다면서 '중국 바이러스Chinese virus'라는 표현을 거침없이 사용했습니다. 특정 민족이나 인종을 향한 혐오가 아니냐는 비판에도 아랑곳하지 않고 말입니다.

위기 상황에서는 견고하던 일상이 흔들리고 그에 따라 사회의 불안감이 증폭됩니다. 그 결과 소수자와 약자를 희생양 삼아 혐오와 차별이 빈번하게 발생하기도 합니다. 전 세계를 뒤흔든 코로나19 팬데믹에서도 마찬가지였죠. 안토니우 구테흐스 유엔 사무총장은 2020년 4월 영상 메시지에서 "위협은 바이러스이지 사람이 아니다"라며 "바이러스는 사람을 차별하지 않지만, 그 영향은 차별적으로 나타난다"고 말했습니다. 바이러스는 사람을 가리지 않고 피해를 줄 뿐이고, 그에 따른 차별과 혐오를 만드는 것은 사람입니다.

'팬데믹' 선포는
어디서 누가 하나

 2023년 5월 WHO는 코로나19로 선포했던 '국제적 공중보건 위기 상황'을 해제했습니다. 국제적 공중보건 위기 상황은 WHO가 내릴 수 있는 가장 최고 수준의 비상사태로, 특정 감염병이 다른 나라로 추가 전파 가능하거나 국제사회의 공동 대응이 필요한 위기 상황을 의미합니다. WHO의 긴급위원회가 질병의 특성을 규정하고 현재 상황과 병의 위험을 평가한 뒤, 교역과 여행 자제 권고나 국제의료 대응 체제 구축 등의 관련 조치를 내립니다.

 이와는 별도로 WHO는 감염병 경보 단계를 자체적으로 설정해두고 있습니다. 처음에는 인플루엔자의 유행 정도를 분류하기 위해 경보 단계가 만들어졌지만, 최근에는 다양한 감염병에서 위험도에 따라 경보 단계를 활용합니다. 경보는 모두 1~6단계이고 숫자가 커질수록 위험도가 높아집니다.

1단계는 동물에 한정된 감염으로, 야생동물 사이에서 바이러스가 돌고 있지만 사람에게 감염 여부가 확인되지 않은 상태를 의미합니다. 2단계는 동물 간 감염을 넘어 소수 사람에게 감염될 수 있는 상황입니다. 인간 감염 여부는 확인되지 않았으나 가능성이 있는 것이죠. 3단계는 동물에 한정된 감염이 인간에게 시작된 이후로, 사람들 사이에 감염이 늘어난 상태를 말합니다. 4단계는 사람들 사이의 감염이 급속히 확산되며 유행이 시작되는 초기 단계입니다. 5단계는 감염이 널리 퍼져 최소 2개 국가에서 유행하는 상태, 6단계는 특정 지역을 넘어 다른 대륙까지 광범위하게 감염이 발생한 상태를 말합니다.

최고 단계인 6단계가 바로 팬데믹의 시작으로 볼 수 있습니다. 팬데믹pandemic은 그리스어 '판데모스pandemos'에 어원을 둔 말인데, pan은 '모두'를 의미하고 demos는 '인구'를 뜻합니다. 많은 사람이 면역력을 갖고 있지 않은 상태에서 감염병이 전 세계로 확산하는 것을 팬데믹이라고 부릅니다.

팬데믹 여부를 판단할 때는 감염병이 얼마나 빠르게, 얼마나 넓게 전 세계로 전파되어 나갔는지가 더 중요합니다. 만약 특정한 지역에서 수많은 사상자를 낳은 감염병이라고 하더라도, 대륙을 넘나들며 감염이 퍼지는 상황이 아니라면 팬데믹 선언까지는 이어지지 않습니다. 특정 지역에서만 발생하는 감염병은 에피데믹epidemic이라고 부릅니다. 코로나19도 처음에는 중국 우한 지역에서만 유행하는 감염병으로 여겨 에피데믹을 선포했다가, 이후 전 세계로 확산되자 2020년 3월 WHO가 팬데믹으로 선포했습니다.

현재까지 WHO가 팬데믹으로 선포한 감염병은 1968년 홍콩 독감, 2009년 신종 인플루엔자, 2020년 코로나19입니다. 2002년 중증급성호흡기증후군(사스), 2012년 중동호흡기증후군(메르스), 2014년부터 발생하기 시작한 에볼라 등은 팬데믹까지 선포되지는 않았습니다.

그럼 엔데믹endemic은 무엇일까요? 일반적인 감기나 계절성 독감처럼 주기적으로 나타나고 사람들 사이에 감염되긴 하지만 치명률이 높지 않은 상태를 의미합니다. 특별히 방역 관리 체계를 두지 않고 일상적인 대응 체계를 통해 관리할 수 있는 풍토병이 됐다는 것이죠. 코로나19를 겪으며 엔데믹은 팬데믹과 대조되는 의미로 통해왔습니다. 2023년 5월 한국은 코로나19 감염병 위기 경보를 '심각'에서 '경계'로 조정하면서 사실상 엔데믹을 선언했습니다.

코로나19를 계기로 독일 베를린에 '팬데믹·에피데믹 인텔리전스 허브The WHO Hub for Pandemic and Epidemic Intelligence'를 만들어 전 세계에서 발생하는 감염병 정보를 빠르게 수집, 공유, 분석하고 글로벌 대응을 원활하게 하기로 했습니다. 한 국가에서 발생한 감염병이 순식간에 국경을 넘어 세계로 퍼져 나가는 현상이 잦아지고 있는 만큼 세계 공중보건 위협에 빠르게 대응하기 위해서는 글로벌 플랫폼이 필수적이라는 취지입니다.

감염병이 이미 확산한 상황에서 내리는 경보보다 한 발짝 앞서 정보를 빠르게 수집하고 공유하는 일이 더 중요하겠지요. '더 나은 데이터, 더 나은 분석, 더 나은 결정Better data. Better analytics. Better decisions'이라는 팬데믹 허브의 슬로건처럼 감염병에 세계가 더욱 현명하게 대응할 수 있기를 기대합니다.

4

중국에서
무슨 일이?

중국에서 무슨 일이?

코로나19 바이러스는
실험실에서 유출됐다?

"코로나19가 (중국) 우한에 있는 그 연구소에서 나왔다는 상당한 양의 증거가 있다고 말할 수 있다. 중국이 세계를 감염시킨 전력이 있고 수준 이하의 연구소를 운영한 전력이 있다는 점을 기억하라. 중국 연구소의 실패 결과로 전 세계가 바이러스에 노출된 것은 이번이 처음이 아니다."

- 마이크 폼페이오 당시 미국 국무장관, 2020년 5월.

"폼페이오 장관의 거짓말이 점점 진화하고 있다. 폼페이오 장관 스스로도 거짓말인 것을 잘 알기에 그 누구도 증거는 볼 수 없을 것이다." - 중국 관영 「환구시보」 사설, 2020년 5월.

중국 우한에서 처음 발생한 코로나19의 기원을 둘러싸고 발병 초기 여러 의문이 제기됐습니다. 그 가운데 하나가 바로 우한의 연구소에서 바이러스가 유출된 것 아니냐는 의심이었죠. 미국의 국무부 장관까지 나서 중국 연구소 바이러스 기원설에 기름을 부었습니다.

반면에 중국은 이를 강력히 부인했습니다. 세계보건기구WHO 등이 주축이 되어 바이러스가 어디서 나타나 어떻게 전파됐는지 역학조사를 벌였고, 그 결과가 보고서로 발표되고는 있지만 유력한 추정만 가능한 상태입니다. 그렇다 보니 현재까지도 바이러스의 기원에 대해서는 다양한 주장이 계속 이어지고 있어요. 실험실 유출설을 주장하는 쪽도 이를 부인하는 쪽도 각자의 주장을 사실로 증명할 명확한 증거가 없는 상황에서 서로를 설득하지 못하고 공방만 계속하고 있는 것이지요.

가장 과학적이어야 할 감염병 발생의 원인을 두고 설왕설래가 지금까지 이어지는 이유는 무엇일까요? 도대체 중국 우한에서는 무슨 일이 일어났던 것일까요?

2021년 미국『월스트리트저널』은 중국 우한바이러스연구소 연구원 세 명이 코로나19 첫 발병 보고 직전인

2019년 11월 병원 치료를 요할 정도로 아팠다는 내용의 정보를 미국이 확보했다고 보도했습니다. 『월스트리트저 널』은 비공개 보고서를 인용해 이처럼 보도하면서, 해당 보 고서의 내용을 얼마나 믿을 수 있는지에 대해서는 보강 조 사가 필요하다는 쪽과 상당히 믿을 만하다는 쪽으로 전문 가들의 견해가 갈렸다고 함께 보도했습니다.

만약 이 비공개 보고서의 내용이 사실이라면 코로나 바이러스를 연구하던 연구자들이 먼저 감염됐다고 해석할 여지가 있습니다. 이는 바이러스가 연구소에서 유출된 것 아니냐는 의견에 힘을 실어주는 근거라고 할 수 있습니다.

우한바이러스연구소는 1956년 설립됐습니다. 이곳 에서는 사스가 2002년 발생해 2003년 중국 내에서 크게 유행한 이후 바이러스 연구를 활발하게 진행하고 있습니 다. 사스 연구의 권위자이자 중국의 '배트우먼'이라고 잘 알려진 바이러스 학자 스정리石正麗도 이 연구소 소속으로 활동했다고 해요. 그는 최근 10년 동안 중국 내 박쥐를 연 구해 박쥐 바이러스 데이터베이스를 구축하는 데 큰 역할 을 해온 인물로 알려져 있습니다.

우한바이러스연구소는 내부에 생물안전 최고 등급인

중국의 우한바이러스연구소. 코로나가 발병한 초기부터 이 연구소에서 바이러스가 유출됐다는 의혹이 일었다. 그러나 많은 연구자는 코로나가 동물에서 비롯됐다고 말한다.

BSL-4Biosafety Level-4(생물안전등급 4) 실험실을 갖추고 있어요. 이곳이 주목받은 이유는 연구소가 코로나19 첫 집단감염이 일어난 곳으로 알려진 화난시장에서 32킬로미터 떨어진 곳에 있기 때문입니다. 극도로 높은 차원의 보안과 안전 관리를 하고 있던 곳에서 치명적인 바이러스가 유출됐다는 주장이 오히려 사람들의 관심을 끌게 된 것이지요.

실제로 『월스트리트저널』 보도가 나오기 1년 전, 코로나19가 유행하던 초기부터 바이러스가 우한연구소의 실험실에서 유출된 것이 아니냐는 주장이 계속 흘러나왔습니다. 그 가운데 가장 목소리가 컸던 이는 트럼프 전 대통령이었죠. 그는 아예 코로나19를 '중국 바이러스'라고 부르면서 이런 공세에 앞장섰습니다. 앞에 소개한 폼페이오 장관의 발언도 같은 맥락입니다.

그런데 비슷한 시기에 WHO는 코로나19 바이러스가 실험실이 아닌 동물에서 기원했을 가능성이 크다고 공식 발표했어요. 우한연구소 실험실 연구팀장이었던 스정리는 한 학술지에 "실험실의 책임이 있을까 두려웠지만 우리 실험실에서 박쥐로부터 추출한 바이러스 샘플은 어떤 유전체와도 일치하지 않았다"고 밝혔습니다.

믿을 만한 국제 보건기구의 발표와 실험실 책임자의 언급에도 불구하고 실험실 바이러스 기원설은 사그라지지 않았습니다. 미국 정보기관들도 실험실 기원설을 뒷받침할 근거가 없다고 발표했고, 여러 과학자가 코로나19가 동물에서 비롯됐다는 연구 결과를 내놓고 있는데도 최근까지 실험실 바이러스 기원설을 주장하는 전문가가 여전히 있습니다.

투명한 정보가
중요한 이유

모든 가능성을 전부 열어두고 감염병의 원인을 조사해야 하는 것은 당연하지만, 명확한 근거가 없는 과도한 음모론은 감염병 대응에 도움이 되지 않습니다. 여러 경우의 수를 상정한 합리적 사고를 방해하기 때문이죠. 게다가 미국의 주요 지도자들이 코로나19를 둘러싸고 중국을 공격하는 데에는 미흡했던 미국 내 감염병 대응에 대한 비판을 외부로 돌려보려는 정치적인 이유도 깔려 있습니다.

하지만 그런 점을 감안하더라도 유독 실험실 기원설이 잦아들지 않는 이유는 무엇일까요? 많은 사람은 그간 중국 정부가 감염병 관련 내용을 비롯해 여러 종류의 정보를 투명하게 공개하지 않고 강력히 통제했다는 점을 이유로 듭니다.

앞에서 중국 화난시장 곳곳에서 채취한 유전자 샘플

을 조사해 코로나19의 기원을 조사한 국제 연구진의 연구 결과를 언급했어요. 화난시장에서 거래된 야생동물들에게서 바이러스가 전파됐을 가능성이 있다는 결과가 나왔지요. 그런데 이때 사용된 유전자 샘플이 3년 전에 이미 중국에서 채취됐고 중국 내에서는 공유됐으나, 국제인플루엔자 정보공유 기구에는 2023년 1월에야 공개됐다고 합니다.

즉, 중국이 그동안 코로나19와 관련된 데이터와 정보를 국제사회에 소극적으로 공개해왔다는 것입니다. 현재는 이 정보마저도 삭제됐는데, 삭제되기 전에 한 연구진이 이를 발견해 분석이 이뤄졌다는 겁니다. 거브러여수스 WHO 사무총장은 "이 데이터가 3년 전에 공유될 수 있었고 공유됐어야만 했다"며 "중국이 데이터를 공개하고 공유할 것을 계속해서 촉구한다"고 말했습니다.

코로나19기 발생했다는 사실을 세상에 최초로 알린 것도 중국 정부가 아닌 한 명의 의사였습니다. 오히려 당국은 이를 막으려 했죠. 그 의사는 바로 우한중심병원의 안과 의사였던 리원량李文亮입니다. 리원량 박사는 사스와 비슷한 바이러스에 감염된 환자 일곱 명이 병원에 입원해 있다는 사실을 알게 됐습니다. 이들이 감염된 곳은 우한 화난수산시장으로 추정되며, 이들이 격리돼 있다는 것도 알게 됐습니다. 이 같은 내용을 2019년 12월 30일 의대 동기들과 함께하던 한 메신저에 공유하면서 동료 의사들에게 방역복을 입으라고 권했지요.

문제는 이 글이 인터넷에 공개되면서 시작됐습니다. 글을 올린 지 나흘 뒤인 2020년 1월 3일 공안이 그를 "인터넷에 부정적인 발언을 올렸고 사회 질서를 어지럽혔다"며 체포했고, 새로운 바이러스에 대한 이야기를 퍼뜨리지 말라고 경고했습니다.

리 박사는 당시 공안으로부터 '훈계서'라고 적힌 서류에 서명한 뒤 풀려났습니다. 여기에는 "엄숙히 경고합니다. 불손한 태도로 고집을 부리면서 불법 행위를 지속하면 법의 심판을 받게 될 것입니다. 알겠습니까?"라는 질문에 리 박사가 자필로 "네, 알겠습니다"라고 답변한 내용이 적혀 있습니다. 리 박사는 이 서한을 1월 말 자신의 SNS에 공개했는데, 이미 이때는 리 박사가 코로나바이러스에 감염된 환자를 진료하다가 자신도 감염이 된 뒤였습니다. 리 박사는 1월 10일 기침이 시작됐다는 사실을 웨이보를 통해 알렸거든요.

중국 의사 리원량은 코로나 19가 발생했다는 사실을 세상에 처음 알렸다. 리원량이 코로나로 사망한 후 그를 추모하기 위해 만든 포스터가 훼손돼 있다.

이렇게 감염자가 속출했는데도 중국 정부가 코로나19 관련 긴급사태를 선포한 것은 1월 20일이 되어서였습니다. 우한 자체를 봉쇄한 것은 그로부터 사흘 뒤인 1월 23일이었고요. 리 박사가 사망했다는 소식은 2월 7일 세상에 알려졌습니다.

많은 사람이 온라인에서 그를 내부고발자, 진정한 의사라며 추모했고, 언론과 표현의 자유를 원하는 사람들의 목소리가 터져 나왔죠. 중국 당국은 이런 애도의 글마저도 검열에 나섰습니다. 결국 공안은 진상조사를 통해 리 박사가 코로나19 발병 사실을 단체 대화방에 올린 건과 관련해 "공공의 질서를 어지럽히려는 의도가 없었다"고 결론을 내리고 리 박사의 유가족에게 공식 사과했습니다.

중국 당국은 사회 불안을 야기한다는 이유로 진실을 알리려 했던 리원량 박사를 저지했습니다. 신종 바이러스가 퍼지는 상황에서 감염 상황이 실시간으로 알려지는 게 지나친 불안을 조장할 수 있다고 생각한 것이죠.

하지만 감염 여부와 생사를 넘나드는 보건 위기 상황에서는 투명한 정보 공개가 무엇보다 중요합니다. 정확한 정보를 신속하게 공유해야만 시민들이 정부와 의료 체계를 신뢰할 수 있고, 각종 보건 정책을 실시하려면 시민의 신뢰는 필수 요소이기 때문입니다. 중국은 감염병 발생 초기부터 관련 정보를 통제하고 은폐했으며, 사람 사이에는 감염되지 않는다는 식의 잘못된 정보가 알려지면서 국민적 분노와 불안이 클 수밖에 없었습니다.

인구 1100만 우한 봉쇄 논란

    그런 상황에서 인구가 1100만 명이 넘는 우한이 봉쇄되자 도시 내부의 혼란은 극에 달했습니다. 많은 사람은 감염병이 빠른 속도로 전파되는 위기 상황에서 오도 가도 못한 채 76일을 보냈습니다. 감염을 막기 위해 어쩔 수 없이 취해진 극단적 조치라고는 하지만, 사전에 관련 정보를 전혀 얻지 못한 사람들은 불안에 떨 수밖에 없었어요. 의료 인력이나 생필품 등이 동나면서 혼란은 계속됐죠.

    방역 명목으로 당국의 통제가 강하게 이뤄지면서 정부의 대처를 비판하는 글은 검열 대상에 올랐습니다. 우한 현장의 목소리를 전하던 작가나 시민기자들이 실종되거나 구금되기도 했고요.

    중국 당국의 폐쇄성이 논란이 된 건 이번 코로나19뿐만이 아닙니다. 2002년 중국 광둥성 일대에서 처음으로 사스가 발병했고, 2003년 1월 광저우의 한 병원에 입원한 환자로부터 의료진 30여 명이 이 질병에 감염됐습니다. 이 병원의 의사가 홍콩에 머물렀고, 이로써 사스는 전 세계로 퍼져 나갔습니다. 이후 중국을 방문했던 미국인이 경유지인 베트남에서 사망했고, 이를 조사하던 WHO 이탈리아 조사관 카를로 우르바니가 WHO 등에 질병 사실을 알렸죠. WHO는 2003년 3월 세계에 경계령을 내렸고요.

중국이 새로운 감염병에 대해 WHO에 보고한 것은 그 이후인 2003년 4월이 지나서였습니다. 그것도 인민해방군(중국군) 301병원 외과 의사인 장옌융이 당국이 발병 사실을 공개하지 않고 있다는 사실을 세상에 공개했기 때문에 가능했습니다. 그가 이 사실을 알린 이후 당국은 심각함을 인지했고, 후진타오 국가주석이 직접 나서서 '사스와의 전쟁'을 선포하기에 이르렀죠. WHO에 일일 보고가 이뤄지고 WHO 역학조사단도 파견됐습니다.

하지만 2004년 장옌융은 가택연금을 당했고, '아시아의 노벨상'으로 알려진 막사이사이상 수상자로 선정됐지만 중국 당국이 시상식 참석을 막았습니다. 약 20년 전의 일인데 코로나19 상황과 매우 흡사하지 않나요? 2009년 중국은 사스 발병 당시 빚어진 혼란에 대해 사과했지만, 여전히 많은 사람은 중국이 정보를 은폐하거나 축소하는 것 아니냐는 의혹의 눈초리를 완전히 거두지는 못하고 있는 것 같습니다. 정보를 투명하게 공개하고 빠르게 국제 공조를 위해 나서야 한다는 게 중국이 전 세계에 남긴 교훈이라고 할 수 있겠네요.

목숨까지 앗아가는 인포데믹

정보의 투명성만큼이나 중요한 것이 바로 정보의 정확성입니다. 신종 바이러스는 그 원인이나 감염 경로, 감염 양상, 대처 방법 등이 알려진 바가 없기 때문에 확인되지 않은 여러 가지 소문이 떠돌 수밖에 없습니다. 불안함을 틈타 이런 미확인 괴담들이 '팩트'로 둔갑하는 일도 종종 있고요. 특히 누구나 콘텐츠를 만들고 유통할 수 있는 요즘 '카더라' 통신은 더욱 활개를 칠 수밖에 없습니다.

질병이 발생했을 때 유튜브, SNS와 같은 디지털 환경이나 오프라인상에서 떠도는 허위 정보, 오해의 소지가 있는 정보나 가짜뉴스를 일컬어 '인포데믹infodemic'이라고 부릅니다. 인포데믹은 정보information와 감염병 유행epidemic을 합성한 말입니다. WHO는 코로나19 상황에서 "정보가 과도하게 넘쳐 괴담을 낳고 있다. 인포데믹이 우려된다"고 밝히고 "우리는 감염병뿐만 아니라 인포데믹과도 싸우고 있다"고 했습니다.

괴담이라는 표현에서 보듯 사실로 포장했지만 감염병과 관련한 잘못된 정보가 유통되면서 백신이나 치료제가 나오지 않은 상황에서 혼란을 부추기고 심할 경우 목숨을 앗아가는 일까지 생기자 WHO가 직접 인포데믹의 위험성을 경고했습니다. 코로나19에 대한 정확한 팩트를 정리해서 전달하기 위해 WHO 홈페이지 안에 '미신타파Mythbusters'라는 제목의 섹션도 별도로 마련했습니다.

대표적인 인포데믹의 사례를 들어볼까요. 한국의 한 교회에서 소금이 바이러스를 억제할 수 있다고 주장하며, 신도들에게 소금물을 분무기로 뿌리는 장면이 퍼진 적이 있습니다. 이 주장에 과학적 근거는 전혀 없습니다. 오히려 분무기를 여러 사람의 입에 가까이 대고 뿌리면서 감염이 확산됐고 집단감염으로 이어졌다는 분석이 나왔습니다.

치료법에 대한 인포데믹으로 이란에서는 사람이 목숨을 잃기도 했습니다. 코로나19 바이러스를 죽이기 위해 공업용 알코올인 메탄올을 마시는 사람이 늘어나면서 700명 이상이 사망하고 90명 넘게 실명하는 일도 있었습니다. 이들은 SNS 등에 올라온 정보를 검증 없이 따라 한 것으로 알려졌지요. 메탄올과 에탄올 같은 알코올이나 표백제를 마시는 것은 매우 위험한 행위이며 이 방법으로 코로나19를 예방하거나 치료할 수도 없습니다.

'박쥐로 만든 수프를 먹으면 감염된다' '마늘이 코로나19 예방에 효과가 있다' '양파를 놓아두면 항균 효과가 있다' 등등 확인되지 않은 정보가 인터넷이나 휴대전화 등을 통해 퍼져 나갔습니다. 생명에 지장을 줄 정도는 아니었지만, 실제 효과를 기대하기 어려운 정보들도 떠돌았습니다.

영국 버밍엄, 리버풀, 멜링 머시사이드 등에서는 5G 통신 기지국 철탑에 불을 지르는 사건이 발생했습니다. 코로나19가 5G 네트워크로 확산된다는 괴담이 퍼져 나갔기 때문이죠. 불을 지른 이들은 5G 기지국에서 나오는 전

자파가 면역력을 약화해 바이러스를 전파한다고 믿었습니다. 이 음모론 때문에 기지국과 통신망을 설치하는 통신사 차량을 운전하던 엔지니어를 향해 "당신이 5G를 퍼뜨리고 있고 공동체를 파괴하고 있다. 바이러스를 퍼뜨리고 있다"고 비난하거나 작업하는 엔지니어들을 공격 또는 위협하는 일도 벌어졌다고 합니다.

차별과 혐오를 넘어 연대로

인포데믹이 더 무서운 건 정확한 사실이 알려진 이후에도 혐오와 편견을 양산한다는 점입니다. 인포데믹이 어떻게 확산되는지를 연구한 학자들은 온라인 커뮤니티나 주변 지인의 SNS 메시지와 같이 사회적 교류를 통해 허위 정보가 양산되고 퍼져 나간다고 분석했습니다.

세계 40개국 5만 명을 대상으로 어떤 가짜뉴스가 널

리 퍼져 나갔는지, 팩트 체크를 통해 수정됐는지를 살펴본 연구 결과에 따르면, 사람들은 자신의 신념과 일치하는 생각이나 글을 선택적으로 찾고 재확산시킨다고 합니다. 반면에 그 반대의 정보는 배척하는 확증 편향 현상을 보인다고 합니다. 주변에 특정 정보를 믿는 사람이 늘어날수록 해당 정보에 대한 믿음이 커지는 정보의 폭포 현상이 이를 설명해줍니다. 이렇게 볼 때 신종 감염병이 전파되는 상황처럼 불안하고 공포에 찬 대중에게 가짜 뉴스가 퍼진다면, 특정 인종이나 종교, 소수자들을 향한 기존의 편견이나 혐오가 더욱 가속화될 수 있습니다.

앞에서 언급한 것처럼 트럼프 대통령이 '중국 바이러스'라는 용어를 쓰면서 아시아인을 향한 혐오를 부추겼고, 그 이후 아시아인에게 폭력을 가하거나 위협하는 일이 늘어났던 것이 대표적인 사례입니다. '중국인 출입 금지'라고 써 붙인 식당, 팬데믹을 보도하면서 아시아인의 사진과 함께 '황색경보'라는 문구를 쓴 프랑스의 지역 신문, 아시아계 학생의 수업을 거부한 이탈리아의 한 학교 등도 인포데믹이 혐오와 편견을 자극하면서 나타난 사건들이라고 볼 수 있습니다.

백악관에서 코로나에 걸렸다가 회복된 시민을 만나는 트럼프(우측). 그는 '중국 바이러스'라는 용어를 쓰며 아시아인을 향한 혐오를 부추겼고, 그의 발언 이후 아시아인을 향한 혐오와 위협이 늘었다.

　　새로운 질병이라는 두려움, 언제라도 감염될 수 있다는 공포, 그 안에서 스멀스멀 피어오르는 타자를 향한 차별과 혐오도 문제입니다. 감염병은 그 자체로도 빠르게 번져 나가며 수많은 생명을 앗아가기에 무섭지만, 비슷한 속도로 빠르게 사회의 혼란을 부추기고 공동체 구성원이 서로를 의심하고 비난하게 하고, 거리를 멀어지게 한다는 점에서 더욱 무섭습니다.

　　코로나19를 거친 이후 각국에서는 공공보건의 혜택

조차 받지 못하는 계층이 나타났고, 지역 거점 시설들이 문을 닫으며 안전한 생존과 적절한 교육을 받지 못하는 사람들도 나타났습니다. 팬데믹 기간에 슈퍼리치라 불리는 부자들은 더 부자가 됐지만, 돈을 벌러 나가지 못한 저학력, 저임금 노동자들은 생계를 걱정해야 했습니다.

인류가 그동안 환경을 얼마나 많이 파괴하고, 야생동물의 서식지를 침범했는지 바이러스의 기원을 따져보며 고민하게 되었습니다. 신종 바이러스의 출몰로 드러난 이 모든 이슈는 코로나19가 엔데믹이 된 지금 국제사회가, 그리고 각각의 국가들이 풀어야 할 숙제로 남았습니다.

여러 가지 두려움 속에서, 앞으로 어떻게 헤쳐 나가면 좋을지 깊어지는 고민 속에서 우리를 이어주는 것은 끈끈한 연대였습니다. 코로나19 발병 초기 이탈리아에서는 이동 제한 조치가 내려졌습니다. 꼼짝없이 집안에 갇힌 사람들은 한순간에 고립을 경험했습니다. 이웃 간에 따뜻한 안부를 나눌 수도, 친구와 동료들과 한잔을 기울일 수도 없었죠. 그러자 사람들은 밖을 내다볼 수 있는 발코니로 모여들었습니다. 누군가 국가를 부르니 다른 사람들도 따라 불렀습니다. 어떤 사람은 피아노를, 또 다른 사람은 바이올린과 트럼펫, 기타를 연주했습니다. 악기가 없어도 상관없었어요. 냄비와 프라이팬을 들고 나와 마구 두드리거나 박수치고 환호하고 노래하는 것만으로도 충분했으니까요.

로마 몬테베르데의 한 아파트 테라스로 나온 엠마 산타치아라는 "이웃들에게 고맙다는 인사를 하기 위해, 우리 모두가 이 문제를 극복할 수 있다는 것을 보여주기 위해 마음에서 우러나온 행동"이라고 말했습니다. 위기 속에서도 서로를 격려하며 희망을 노래하는 사람들의 이 같은 행위를 '발코니 정신Balcony spirit'이라고 명명했습니다.

어찌 보면 코로나19와 같은 감염병의 위기는 이제 인류에게 변수라기보다 상수일지 모릅니다. 세계는 하나로 연결돼 있으며, 환경은 과거보다 파괴됐고 그로 인해 야생동물은 서식지를 잃고 사라질 위기에 처한 한편 인간과는 더욱 가까워지고 있거든요. 코로나19에 이어 코로나39, 코로나45가 또 발생하지 말란 법도 없습니다. 다음 위기를 슬기롭게 예측하고 철저하게 대처할 수 있도록 준비하는 것. 소중한 사람들을 잃은 뒤에 또다시 실수와 무기력함을 반복하지 않기 위해 지금 우리가 할 수 있는 것들을 해 나갔으면 합니다.

'우한일기'와 '장안십일'

　　코로나19 팬데믹이 전 세계를 휩쓴 2020년 영국 공영방송 BBC는 올해의 여성 100인 가운데 중국 여성 한 명의 이름을 올립니다. 그의 이름은 팡팡方方. 본명이 왕팡王方인 이 여성은 1955년 중국 난징에서 태어났지만 후베이성 우한으로 이주해 줄곧 살아왔습니다. 공장에서 짐수레를 끄는 일을 했고, 1982년 작가로 등단해 지금까지 100편 이상의 작품을 썼습니다.

　　그가 수십 년 동안 둥지를 틀었던 바로 그 도시, 우한에서 코로나19가 발병하면서 그는 세계적으로 유명해집니다. 코로나19 발병 초기인 1월 23일부터 76일 동안 우한이 전면 봉쇄됐을 때 혼란에 빠진 도시의 상황을 생생하게 기록한 일기를 온라인에 공개했기 때문입니다.

그가 웨이보를 통해 공개한 일기에는 외부와 단절된 도시에서 원인을 알 수 없는 감염병의 공포를 안고 생존하는 치열한 하루하루가 담겨 있습니다. "그 어두운 밤 통행을 금지당한 농민과 집에서 혼자 굶어 죽은 아이, 그리고 도움을 청해도 들어주는 곳이 없는 무수한 인민들, 상갓집의 개처럼 곳곳에서 버림받은 우한 사람들(수많은 아이까지)을 떠올려보면, 얼마나 오랜 시간이 걸려야만 이 상처가 회복될 수 있을지 알 수 없다."(1월 30일 일기)

거기서 끝이 아닙니다. 팡팡의 일기는 코로나19 발생 초기 중국 당국이 의사들의 경고를 무시한 채 시민들에게 사람으로부터 바이러스가 감염되지 않는다고 알렸다는 점을 지적합니다. "전염병이 퍼지고 있으며, 그 결과가 심각할 것임을 알고 있으면서도 왜 어떤 행동도 취하지 않았단 말인가? 개인의 실수인가, 부주의인가? 아니면 무지했던 것인가? 며칠이 지나면 저절로 상황이 안정되리라 생각한 건가? (…) 정부에서는 신속하게 조사팀을 꾸려 전염병이 도대체 어떤 이유로 현재의 재난으로까지 이어지게 된 것인지 철저하게 밝혀주길 바란다."(3월 9일 일기)

팡팡의 글은 전 세계로 알려졌어요. 영어로 이를 번역해 책으로 출판한다는 소식이 알려지자 그를 '배신자'라고 비난하는 사람이 늘어나기 시작했습니다. 서방세계와 공모해 중국을 공격하는 '비애국적' 행위를 한다는 것이죠. 팡팡을 지지했던 사람들이 중국 당국의 조사를 받기도 했습니다. 한국을 비롯해 미국, 독일, 스페인, 일본, 베트남 등 15개국에서 출간된 『우한일기』가 정작 중국에서는 출판되지 못했죠.

글을 쓴 이는 팡팡만이 아닙니다. 2021년 12월 중국 정부가 코로나19를 이유로 산시성 시안西安을 열흘간 봉쇄한 이후 중국 정부의 코로나 대책을 강력하게 비판하는 또다른 글이 온라인에 공개됐습니다. 장쉐江雪라는 이름의 작가가 웨이보에 올린 이 글의 제목은 '장안십일長安十日'이에요. 장안은 시안의 옛 이름입니다.

도시에 봉쇄령이 내려진 뒤 쓴 일기에는 "오늘 밤 집 문에 가로막힌 사람들, 슈퍼마켓에 달려가는 사람들, 임산부, 환자, 학생, 건설노동자, 노숙자, 관광객…. 이들은 '도시 폐쇄'의 결과와 재앙을 과소평가했다. 이 도시에 일시 정지 버튼을 누른 권력을 가진 사람들이 이 도시에 사는 1300만

명의 운명에 어떤 영향을 미칠지 상상이나 해봤을까?"라고
적었습니다.

장쉐는 인터넷에서 도시가 봉쇄된 상황에서 심장마비
로 쓰러진 아버지가 결국 응급 수술을 받지 못하고 운명한
소녀의 사연을 읽습니다. 그러고는 이렇게 말합니다. "이
추운 겨울 그녀에게 무슨 일이 있었는지 알고 싶다. 기회가
된다면 꼭 안아보고 싶다. 우리가 겪은 고통은 기록되어야
하며 헛되이 견디지 말아야 한다고 말하고 싶다"고요.

갑작스러운 바이러스로 혼란한 도시에서 속수무책으
로 쓰러지는 사람들을 앞에 두고 캠페인성 구호를 앞세우
는 사람들에게도 한마디를 남깁니다. "'시안만이 이길 수
있다.' 맞지만 말장난, 상투적, 공허한 얘기다. 이와 비슷하
게 '무엇이든 해야 한다'는 말도 있다. 이 문장도 좋지만 보
다 구체적이어야 한다. 모든 평범한 사람을 생각해야 한
다."

당국이 책임 있는 보건 정책을 마련하라고 촉구하고
고인을 위로하는 이들의 목소리는 어찌 보면 평범하게 들
리기도 합니다. 하지만 코로나19라는 전 지구적 위기를 맞
닥뜨린 전 세계인 모두의 심금을 울리기에 충분했습니다.

당연했던 것들이 더 이상 당연하지 않은 순간, 안전했던 삶의 터전이 불안해지는 순간 우리는 좌절하게 마련인데 이들의 이야기가 우리를 위로했기 때문일 것입니다.

5

___

백신 불평등

___

백신 불평등

'국제적 공중보건 위기 상황'이
해제되기까지

2019~2023년에 걸친 코로나19의 범유행을 물리치는 데에는 수많은 사람이 불편을 참으면서 마스크 착용, 손 씻기 등 개인위생과 사회적 방역 활동에 동참한 것이 상당한 역할을 했죠. 그럼에도 결정적인 요인으로는 단연 수많은 사람이 접종받은 백신을 꼽을 수 있습니다. 백신을 맞고 개인 면역력을 확보한 사람이 늘어나면서 집단 면역이 이뤄져 사람들이 정상 생활로 복귀할 수 있었기 때문이죠. 백신은 코로나19를 예방하는 데 기여한 것은 물론 감염자의 중증도와 사망률도 크게 낮춘 것으로도 평가됩니다.

세계보건기구WHO는 2023년 5월 '국제적 공중보건 위기 상황'을 해제할 때까지 전 세계에서 접종된 백신이

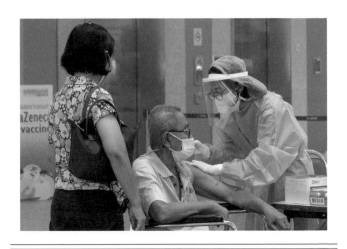

백신은 코로나19의 범유행을 물리치는 데 크게 기여했다.

133억 회분이나 됐다고 발표했어요. 백신이 특히 절실했던 의료 관계자와 60세 이상 고령자의 82퍼센트가 1차나 2차 접종을 마쳤다고 하네요.

1회 이상 접종률
70.7퍼센트와 32.6퍼센트

　백신 접종은 WHO가 국제적 공중보건 위기 상황을 해제한 뒤에도 계속되고 있어요. 글로벌 통계 사이트인 '아워월드인데이터'*에 따르면 2023년 9월까지 전 세계에서 135억 회의 백신이 접종됐다고 합니다. 유엔의 '세계 인구 전망'에 따르면 2023년 전 세계 인구가 80억 4500만 명이니, 1인당 평균 1.68회를 맞은 셈이네요. 백신을 접종받지 못하거나 맞지 않은 사람도 있지만, 전 세계 인구의 70.7퍼센트는 적어도 1회 이상 백신을 맞았다고 하는군요.

　문제는 백신 격차입니다. 코로나19의 피해와 고통은 전 세계가 공통으로 겪었지만, 이를 극복할 백신의 접종은 국가와 지역별로 불균형하고 불평등하게 이뤄졌습니다. 달리 말하면 누구나 코로나19에 감염될 수 있지만, 이를 막을

* https://ourworldindata.org/covid-vaccinations

백신은 누구나 맞을 수 없었다는 이야기죠.

아워월드인데이터가 국가나 지역을 고소득, 중상소득, 중하소득, 저소득의 네 가지 부류로 나누고, 각 그룹별 인구 100명당 백신 접종 평균 횟수를 살펴봤더니 놀라운 결과가 나타났습니다. 2023년 9월 16일 기준으로 고소득 그룹은 225.51회, 중상소득은 214.63회, 중하소득은 143.69회, 저소득은 44.66회로 나타났습니다. 가난한 집단의 평균 백신 접종 횟수가 가장 부유한 집단의 약 5분의 1 수준이라는 이야기입니다.

앞에서 말했듯이 평균으로 따지면 전 세계 인구의 70.7퍼센트가 1회 이상 백신을 맞았습니다. 그러나 소득이 낮은 나라에서는 1회 이상 접종받은 인구의 비율이 32.6퍼센트에 불과했습니다. 가난한 나라에서 백신을 한 번이라도 맞은 사람의 비율이 전 세계 평균의 절반에도 미치지 못했다는 이야기죠.

이 때문에 2020년 12월 백신이 등장한 이래 백신의 공급난과 함께 국가별, 지역별 백신 불균형과 백신 불평등, 그리고 백신 격차는 전 세계의 문제가 됐어요. 문제는 잘사는 나라나 지역에서 백신 접종을 늘려도, 백신을 제대로 맞지 못한 가난한 나라나 지역에서 변이종이 생겨 잘사는 나라로 확산되면 집단 면역 확보가 어려워질 수 있다는 사실입니다.

그렇다면 왜 이런 일이 생겼을까요? 직접적인 이유로는 국가별로 백신을 사들일 경제력과 백신 확보를 위한 외교력 등의 차이가 꼽힙니다. 각국이 국제적인 협력과 공조 대신 자국 이기주의에 빠진 점도 이유로 지적됩니다.

가장 가난한 나라 접종률은 세계 평균의 절반

2022년 10월까지 전 세계 백신 접종 정보를 제공했던 블룸버그 통신사의 '블룸버그 백신트래커' 데이터를 보면 전 세계 백신 격차가 선명하게 드러납니다. 전 세계에서 가난한 50개 국가와 지역은 전 세계 인구의 20.6퍼센트를

차지하는데, 백신 접종은 9.5퍼센트만 차지한 것으로 나타 났습니다. 가장 가난한 나라들의 접종률이 세계 평균의 절 반 정도라는 이야기죠.

당시를 기준으로 인구 100명당 접종 횟수가 가장 적 은 나라를 살펴보면 한결같이 가난한 나라입니다. 예멘이 2.5회로 가장 적었고, 아이티가 4.5회, 콩고민주공화국DRC 이 5.3회, 마다가스카르가 6.3회, 카메룬이 7.1회, 파푸아 뉴기니가 7.6회 등으로 나타났어요. 예멘은 내전이 한창인 중동 국가이고, 아이티는 카리브해 연안, 파푸아뉴기니는 남태평양, 나머지는 아프리카의 가난한 나라들입니다.

반면 부유한 산유국인 카타르는 278.1회, 브루나이는 276.2회, 아랍에미리트는 268.5회, 바레인은 235.7회로 각각 나타났어요. 같은 아라비아반도에 있는 나라들인데도 내전으로 가난에 찌든 예멘의 백신 접종률은 카타르, UAE, 바레인의 100분의 1도 되지 않은 것이죠.

부유한 유럽연합EU 지역은 평균 205.3회였으며, 미국 은 백신 저항이 일부 있었음에도 182.9회였습니다. 부유한 국가는 아니지만 사회주의 체제를 유지한 때문에 공공의료 가 발달하거나 무상의료를 제공하는 쿠바는 인구 100명당 백신 접종 횟수가 368.7회로 세계에서 가장 높았어요. 베트남도 265.1퍼센트로 높은 수준입니다.

문제는 백신 접종의
지역별·국가별 불균형

글로벌 통계 사이트 아워월드인데이터가 만든 전 세계 백신 접종 현황 지도를 보면 불균형 현황이 선명하게 드러납니다. 세계 지도에 접종률, 즉 인구당 접종 횟수가 많을수록 더 짙은 녹색으로 나타낸 지도입니다.

부유한 지역인 북미와 유럽은 온통 짙은 녹색입니다. 유럽연합EU은 회원국별로 1인당 국내총생산GDP이 국제통화기금IMF의 명목금액 기준 통계로 1만 1321달러(불가리아)에서 13만 1782달러(룩셈부르크)까지 차이가 큽니다. 하지만 EU 차원에서 백신을 공동구매하고 회원국에 동등한

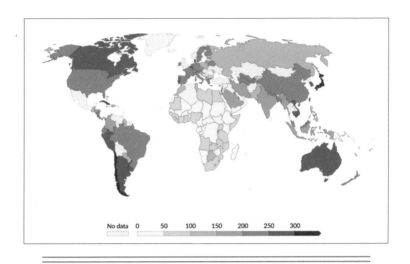

No data 0 50 100 150 200 250 300

아워월드인데이터가 만든 전 세계 백신 접종 현황 지도.
(2023년 3월 10일 기준).

비율로 분배하면서 모든 회원국의 접종률을 높일 수 있었어요. EU의 행정 수반인 집행위원장을 소아과 의사 출신의 독일 정치인 우르줄라 폰데어라이엔이 맡으면서 일찍이 백신 접종의 중요성을 강조한 덕분으로도 볼 수 있겠네요.

　북미와 유럽의 높은 접종률은 경제력과 국제정치에서의 비중이 큰 역할을 했다고 평가할 수 있어요. 부자 산유국이 많은 페르시아만(아라비아만) 연안 국가들과 남미의 몇몇 나라도 푸른색입니다. 이 역시 경제력과 국제정치력이 한

못한 결과라고 볼 수 있어요.

반면에 아프리카와 중남미, 동남아시아의 가난한 나라나 중견국은 옅은 색입니다. 일부 예외를 제외하고는 백신 접종률이 여전히 경제력이나 국력에 따라 좌우되고 있는 셈이죠. 이는 과거에 지구의 북반구는 부유한 국가들이 위치하고 남반구는 가난한 나라가 많아, 글로벌 빈부 격차를 '남북문제'라고 불렀던 시대를 연상케 합니다. 부자 나라와 가난한 나라 간의 백신 접종 불평등이 선명히 드러나는 셈입니다. 백신 접종률의 남북 격차 시대가 열린 것이죠.

mRNA 백신 개발 배경은 미국 연방정부의 투자

그렇다면 왜 이런 격차가 생겼을까요? 사실 백신 개발은 주로 경제력과 과학기술력이 강한 강대국에서 주로 이

뤄졌어요. 이 때문에 강대국들이 백신 분배에서도 주도권을 쥐고 자국 중심주의를 앞세우면서 백신의 남북 격차 시대가 벌어진 것으로 볼 수 있어요.

미국의 백신 개발은 연방정부가 코로나19에 대응하기 위해 가동한 '워프 스피드 작전Operation Warp Speed, OWS'의 일환으로 진행됐습니다. 백신 확보에 전쟁이나 전투에 어울릴 작전명을 붙인 것만 봐도 이 일에 대한 미국의 기대를 짐작할 수가 있겠죠.

미국 의회는 2020년 3월 27일 '코로나바이러스 구제, 완화, 그리고 경제안정 법CERS'을 통과하고 초기 예산 100억 달러를 배정했어요. 이를 바탕으로 2020년 5월 시작된 이 작전은 코로나 백신과 치료약, 진단기기 등을 포함한 종합적인 대응 수단의 개발, 생산, 배분이 목적이었습니다. 워프Warp라는 말 자체가 기초, 기반, 토대를 가리킵니다.

미국 연방정부는 막대한 행정력과 자금, 물자를 동원했죠. 행정력으로는 보건복지부HHS, 질병통제예방센터CDC, 식품의약청FDA, 국립보건원NIH, 생물의학첨단연구개발국BARDA 등 보건의료 관련 부처는 물론이고 국방부, 농무부, 에너지부, 보훈부 등 관련 연방기관을 총동원했어요. 여기에 제약업체와 바이오기업을 포함한 민간 기업도 참여시켜 민관 합동 프로그램으로 진행했어요. 초기 예산은 100억 달러였지만 광범위한 민관 협력 프로그램을 가동하다 보니 자금이 더 들어 2020년 10월까지 180억 달러가 들어갔다고 하네요.

미국은 이처럼 엄청난 액수의 연방 예산을 투입한 끝에 화이자, 모더나, 존슨앤드존슨(얀센) 등이 백신을 개발하는 데 성공했습니다. 특히 최신 기술을 적용한 '전령 리보핵산messenger Ribonucleic acid, mRNA' 백신 개발에 나선 것은 주목할 만합니다. mRNA 백신을 개발하는 데에는 엄청난 비용과 노력이 들어갔습니다. 미국 제약업체 화이자와 독일 바이오엔테크가 공동 개발한 백신과 미국 바이오기업 모더나의 백신이 mRNA 방식을 적용한 제품입니다.

미국의 투자와 노력 덕분에 코로나19에 대응하는 mRNA 백신은 미처 1년이 되지 않는 짧은 시간 안에 개발이 이뤄졌습니다. 보통 백신 개발에는 몇 년, 길면 10년 이상 걸리는데, 코로나19가 전 세계에 확산하자 엄청난 투자로 개발 기간을 크게 단축한 것이죠. 과거 인플루엔자 백신 등의 개발 과정에서 축적된 기술력과 미국과 독일 등의 국제 협력 체계를 바탕으로 누구보다 발 빠르게 백신 개발에 성공한 것입니다.

백신의 효과도 95퍼센트 전후에 이를 정도로 높은 것으로 나타났습니다. 이는 고전적인 방법을 적용한 사백신, 또는 약독화 백신의 효과가 50퍼센트 전후인 것과 큰 차이를 보입니다. 중국의 백신은 이런 고전적인 방식을 적용했습니다.

백신 개발 업체에
막대한 이익 안겨

mRNA 백신은 코로나19를 물리치는 데 크게 기여했습니다. 다른 한편으로는 이를 개발한 화이자와 모더나에 매년 수백억 달러에 이르는 엄청난 이익도 가져다줬습니다.

이런 상황에서 인도와 남아프리카공화국 등 60여 개

발도상국은 "미국이 백신의 지식재산권을 포기하고 전 세계에서 각기 제조할 수 있도록 해줘야 한다"는 내용의 제안서를 세계무역기구wto에 제출했습니다. 인류의 생존 차원에서 mRNA 백신 제조법을 공개해 다른 나라에서도 만들 수 있게 해달라는 요청입니다.

하지만 미국은 이를 거절하고 백신 개발에 나선 제약사의 권리를 보장해줬습니다. 지식재산권은 민간 기업의 소유라는 이유에서입니다. 아울러 미국 연방 예산이 투입됐다고 해도 코로나19 백신의 개발은 실패 위험을 무릅쓰고 과감하게 투자를 결정한 '기업가 정신'의 산물이라는 이유도 들었습니다. 미국 연방정부가 공익이라는 이름으로 이를 포기하게 하는 것은 시장경제 체제를 포기하게 만든다는 지적이 있었죠. 다음에 이런 위기 상황이 닥치면 어느 기업이 실패의 위험을 감수하고 과감하게 투자하고 연구·개발하겠느냐는 것입니다.

미국의 입장은 기업가 정신을 발휘할 수 있도록 기업의 이익을 보장해줘야 한다는 논리입니다. 하지만 인류의 생존이 달린 백신 분배보다 이를 우선시해야 하는 것인지에 대해 의문을 제기하는 시각도 적지 않습니다.

경제적 여력 있는 나라는
개발 전에 선구매 나서

백신 개발이 가속화하자 관련 정보를 입수한 부유한 나라들은 개발이 끝나기도 전인 2020년 여름쯤에 선구매에 나섰습니다. 선구매는 제품이 개발이나 생산, 판매가 시작되기 전에 미리 물건을 사들이는 것을 말합니다.

당시 미국, 영국, 유럽연합EU, 호주, 홍콩, 마카오, 일본, 스위스, 이스라엘 등 부유한 국가와 지역은 선구매를 통해 아직 나오지도 않은 백신을 다량으로 확보했다고 합니다. 전 세계에서 개발 중인 주도적 백신 다섯 가지의 생산 능력은 59억 회분인데, 이들 부유한 나라가 이 물량의 51퍼센트 정도를 선구매했다고 합니다.

당시 독일 국제방송인 도이체벨레DW가 빈곤 해결과 불공정 무역에 대항하는 국제기구인 옥스팜의 발표를 바탕으로 2020년 8월에 보도한 내용입니다. 일본은 2020년 8

월 초에 화이자 백신 1억 2000만 회분을, 유럽연합은 같은 달 스웨덴, 영국의 다국적 제약업체인 아스트라제네카와 4억 회분의 백신을 계약했다고 합니다. 경제력과 정보력을 바탕으로 물건이 나오기도 전에 미리 사둔 것입니다.

2021년 당시 미국의 도널드 트럼프 대통령은 백신 공급에서 자국 우선주의를 강조했습니다. 트럼프는 "독일의 바이오업체를 미국이 사들이겠다", "백신을 개발하면 미국 국민에게만 접종하도록 하겠다"는 발언을 계속하면서 백신 이기주의를 드러냈죠. 이런 발언은 당연히 전 세계적으로 논란을 불러일으켰습니다.

반면 바이오엔테크의 공동 창업자이자 최고경영자CEO인 우구르 사힌은 미국 국민에게만 공급하자는 트럼프의 요구를 거절하는 발언을 해 전 세계의 관심을 끌었습니다. 사힌은 "지금은 코로나19가 전 세계적으로 유행하는 상황이고, 이는 국제적 협력을 요구한다"며 "동반자인 화이자와 힘을 합치면 백신이 필요한 전 세계 사람들에게 공급하는 노력을 더 빨리 실현할 수 있을 것"이라고 말했죠. mRNA 백신을 개발한 과학자의 자존심과 인도주의 정신이 담긴 발언입니다.

이런 상황에서 부자 나라들은 지식재산권 공유 대신 가난한 나라에 백신을 나눠주겠다는 제안을 합니다. 주요 7개국G7은 2021년 2월 9일 열린 화상 정상회의에서 코백스 COVID19 Vaccines Global Access, COVAX에 75억 달러를 지원한다고 발표했습니다. G7은 미국, 영국, 독일, 프랑스, 이탈리아, 캐나다, 일본 등으로 이루어진 조직으로 매년 정상회의를 열어 글로벌 현안을 논의합니다.

급할 때는 자국 우선, 기부 약속은 나 몰라라

G7이 백신을 기부하기로 한 코백스는 코로나19 백신을 전 세계에 공평하게 공급하기 위해 2020년 4월 설립된 세계 백신 공동 구매·분배 프로젝트입니다. 개발도상국의 백신 접근성을 높이려고 2000년 창립된 국제기구인 세계

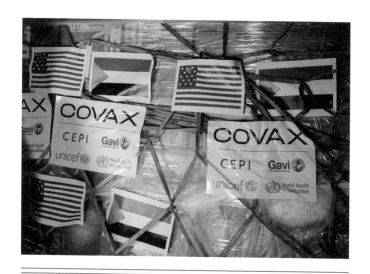

미국이 코백스를 통해 수단에 보내는 백신들. 코백스는 미국, 영국 등 주요 7개국이 세계에 코로나19 백신을 평등하게 분배하기 위해 만든 프로젝트 이다. G7은 코백스에 백신을 기부하기로 약속했으나 제대로 지키지 않았다.

백신면역연합GAVI, 전 세계 백신 공급을 위해 2017년 설립된 글로벌 재단인 '감염병 유행 대책 이노베이션 연합CEPI', 1946년 세워진 유엔 기관 유니세프UNICEF(국제연합아동기금), 1948년 창설된 유엔 전문 기구인 세계보건기구WHO 등이 코백스의 설립과 관리를 맡고 있어요.

그러면 G7은 백신 기부 약속을 제대로 지켰을까요? 이들이 기부를 약속한 백신과 실제 기증한 물량을 비교해

봅시다. G7 회원국이 기부를 약속한 백신 물량은 미국이 9억 회분, 독일이 1억 7500만 회분, 프랑스가 1억 2000만 회분, 영국이 1억 회분, 이탈리아가 7200만 회분, 일본이 6000만 회분, 캐나다가 5100만 회분으로 각각 나타났어요. 별도로 유럽연합 차원에서 5억 2660만 회분을 약속했어요.

코백스에 따르면 약속해놓고 보내지 않은 백신 물량은 미국이 3억 8630만 회분, 독일이 4950만 회분, 프랑스가 4260만 회분, 이탈리아가 890만 회분, 영국이 4600만 회분, 일본이 1570만 회분, 캐나다가 2160만 회분이나 됩니다. EU도 기부를 약속하고 보내지 않은 물량이 1억 3130회분에 이르렀어요.

애초에 코백스는 2021년 3월까지 전 세계에 1억 회분의 코로나19 백신을 공급하는 것을 목표했어요. 하지만 기일 안에 3850만 회분만 공급할 수 있었고, 그해 5월 말까지 전 세계 125개국에 7100만 회분을 공급했다고 합니다. 약속한 기부 물량을 필요한 지역에, 적절한 시기에 보내지 못했기 때문으로 보입니다.

오히려 선진국보다 중견국인 인도가 백신 기부에 가

장 먼저, 열성적으로 나섰습니다. 인도는 2021년 1월부터 국경이나 바다를 맞댄 네팔, 부탄, 미얀마, 방글라데시, 스리랑카, 몰디브, 세이셸 등에 백신을 무상으로 제공했습니다. 해외 주문도 받아 백신 수출국이 됐어요. 인도는 그해 5월 말까지 1071만 회분을 무상으로 공여하고, 3579만 회분을 수출했습니다. 코백스를 통해서도 1986만 회분을 공급했습니다. 전염병 때문에 일찌감치 백신 개발과 생산에 힘을 기울인 인도는 아스트라제네카 백신의 세계적인 생산국입니다.

코로나19 범유행 초기에 진원지로 지목받았던 중국은 초기 혼란이 진정되자 전 세계에 마스크와 의료진을 보내 이미지 회복에 나섰죠. 몇 가지 백신을 개발한 뒤에는 백신 공급을 앞세워 여러 나라에서 외교 활동을 벌였습니다.

서아프리카에서 유행한
에볼라는 아직도 백신 없어

코로나19 백신이 개발을 시작한 지 1년도 되지 않아 마무리된 것은 대단한 일입니다. 2013~2014년 서아프리카 지역에서 유행해 1만 명 가까운 희생자를 낸 에볼라에 대응하는 백신이 거의 10년이 지난 지금까지도 개발되지 않은 것과 비교하면 더욱 그렇습니다.

백신 개발에 필요한 기간도 문제지만, 무엇보다 에볼라 백신을 개발할 능력을 갖춘 글로벌 대형 제약사가 소극적이어서 개발이 더디다는 지적이 나오고 있습니다. 에볼라는 백신을 맞을 대상자가 코로나19보다 적은 데다 주로 가난한 서아프리카 지역에서 발생합니다. 그러다 보니 제약사가 이익을 보장받기 어렵다는 생각에서 적극적으로 나서지 않는 게 아니냐는 의혹을 사고 있습니다.

mRNA 백신의 개발은 이처럼 인류가 첨단 바이오 기

술을 동원해 코로나19 범유행이라는 재앙에 대응했다는 의미가 있습니다. 하지만 분배 과정에서 잘사는 나라와 가난한 나라 사이에 불균형과 격차가 커졌다는 점은 글로벌 사회의 문제라고 하겠습니다. 아울러 코로나19보다 앞서 큰 피해를 냈던 에볼라에 대응할 백신이 아직도 나오지 않은 점은 우리에게 생각할 과제를 던져줍니다.

mRNA 백신

인류와 코로나19와의 싸움에서는 다양한 백신이 개발돼 코로나19 범유행을 물리치는 데 기여했습니다. 백신은 코로나19를 일으키는 코로나바이러스인 제2형 중증급성호흡기증후군 코로나바이러스SARS-CoV-2의 감염을 예방하고, 감염되더라도 중증화와 사망률을 줄이는 데 기여한 것으로 평가받습니다.

이 과정에서 나온 수많은 백신 가운데 단연 사람들의 관심을 끌었던 것이 있습니다. 바로 영어 이름인 mRNA 백신으로 널리 알려진 '전령 리보핵산 백신'입니다. mRNA를 이용해 백신을 제조하는 기술이 비교적 새로운 바이오 기술인 데다, 효과도 95퍼센트 전후에 이를 정도로 다양한 종

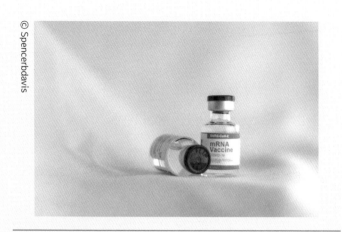

mRNA 방식의 백신은 코로나 백신 가운데 가장 효과가 좋아 주목을 많이 받았다.

류의 백신 가운데 가장 높아 특히 주목받았습니다.

　　미국의 글로벌 제약사인 화이자와 독일의 바이오기업인 바이오엔테크가 공동 개발한 백신과 미국 제약사인 모더나사가 내놓은 백신이 mRNA 방식의 백신입니다. 한국에서도 수많은 사람이 이 두 가지 백신을 접종받았죠. 특히 화이자 백신은 2020년 12월 전 세계에서 처음으로 영국에서 긴급 사용 허가를 받았던 코로나바이러스 백신입니다.

　　그렇다면 코로나19를 이기는 데 크게 기여한 mRNA 백신이란 도대체 어떤 백신일까요? 이를 이해하려면 먼저 면역과 백신, 그리고 코로나바이러스에 대해 알아볼 필요가 있습니다.

먼저 면역에 대해 알아볼까요. 코로나19가 전 세계에서 유행하는 동안 면역이라는 말을 많이 들었을 것입니다. 면역은 사람을 포함한 동물의 몸에 세균이나 바이러스, 곰팡이 등 질병이나 이상을 일으키는 병원성 미생물이나 독소가 들어왔는데도 영향을 받지 않게 되거나, 이에 저항하는 상태가 된 것을 가리킵니다. 과학자들은 '원하지 않는 침입 생물을 피하기 위한 생물학적 방어력을 확보한 상태'라고도 표현합니다.

인체를 포함한 동물의 몸은 외부에서 침입한 세균이나 바이러스 등 '병원성(병을 일으키는) 미생물'이나 독소의 공격을 받으면 이를 기억했다가 다음에 또 침범해오면 이를 찾아내 제거하거나, 무력화하거나, 중화하는 능력이 있습니다. 이 때문에 특정 미생물에 감염돼 질병에 걸렸다 회복하면 면역력을 얻게 됩니다. 이를 적응 면역, 또는 획득 면역, 후천성 면역으로 부르죠. 백신을 맞아도 적응 면역을 얻게 됩니다.

몸에 들어와 병을 일으키는 해로운 미생물이나 물질

을 항원이라고 부르는데, 우리의 몸은 항원을 인식하고 이에 대항하는 항체라는 것을 만듭니다. 동물은 이러한 면역 시스템으로 자신의 생명을 지킵니다. 면역은 생물이 진화 과정에서 확보한 생존술이라고 합니다.

문제는 면역을 얻으려면 기본적으로 세균이나 바이러스 같은 미생물이나 독소가 몸에 한 번 들어와야 한다는 점입니다. 그래야 인체가 이를 방어할 항체를 만들어낼 수 있기 때문이죠.

더 큰 문제는 세균이나 바이러스가 일으키는 질병 중에는 사람의 목숨을 앗아가기 쉬운 무서운 종류가 적지 않다는 사실입니다. 이런 경우 면역을 얻기도 전에 목숨을 잃거나 몸이 크게 상할 위험이 큽니다. 그래서 과학자들은 위험한 세균이나 바이러스에 감염되거나 물질에 노출되지 않고 인공적으로 적응 면역을 얻는 방법을 찾았는데, 그게 바로 백신입니다.

코로나19에 맞서기 위해 개발을 진행했던 백신은 크게 네 가지로 나눌 수 있어요.

첫째는 코로나바이러스를 열이나 약품, 방사선 등으로 처리해 죽이거나 인간에게 해를 끼치지 못할 정도로 독성과 감염력을 줄인 사백신 또는 약독화 백신입니다. 이는 가장 오래된 기술을 적용한 고전적인 백신 제조법입니다. 중국에서 개발한 백신은 대부분 이 계열입니다.

둘째는 재조합 단백질 백신입니다. 코로나바이러스 표면의 돌기Spike를 이루는 단백질의 조각을 재조합해 주사하는 백신입니다.

셋째는 바이러스 벡터 백신입니다. 코로나바이러스의 돌기 단백질을 인간에게 무해한 다른 바이러스에 넣은 뒤 인체에 주사하는 방식입니다. 한국에서도 많이 접종된 아스트라제네카 백신이 이 방식으로 제조한 것입니다.

넷째가 mRNA 방식의 백신입니다. 코로나바이러스 돌기 단백질을 제조할 수 있는 유전 설계도를 가진 mRNA를 인공적으로 합성해 주사하는 방식입니다.

이 mRNA 백신에 대해 자세히 알아볼까요. 이를 알려면 유전물질과 코로나바이러스의 특성을 살펴볼 필요가 있어요. 유전물질에는 디옥시리보핵산DNA과 리보핵산RNA이 있습니다.

RNA의 가장 중요한 기능은 DNA로부터 유전정보를 받아서 전달하는 일입니다. DNA에는 구아닌(G), 아데닌

(A), 시토신(C), 티민(T)의 네 가지 염기가 있습니다. RNA에는 구아닌, 아데닌, 시토신, 우라실(U)의 네 가지 염기가 있습니다. 단백질마다 각각 다른 순서로 이 염기가 수백~수천 개씩 반복적으로 배열됩니다. 같은 종류의 단백질은 서로 염기 서열이 똑같습니다. 동물의 몸은 이 유전정보를 바탕으로 필요한 단백질을 합성합니다.

면역 시스템은 세균이나 바이러스를 비롯한 미생물에 있는 고유의 단백질을 항원으로 인식합니다. 백신은 이런 원리를 이용해 만듭니다. 항원이 되는 고유의 단백질을 얻고 싶으면 이와 똑같은 염기 서열을 가진 RNA 복제품을 만들어 세포에 넣으면 됩니다.

이제 코로나19 등을 일으키는 코로나바이러스를 알아볼까요. 이 바이러스는 표면에 왕관Corona(코로나)처럼 생긴 돌기가 달려 있어요. 이 바이러스에 코로나바이러스라는 이름이 붙은 이유죠. 돌기를 이루는 돌기 단백질은 mRNA 백신을 개발할 때 중요한 역할을 해요. 위에서 설명한 항원이 될 단백질을 여기서 얻기 때문이죠.

mRNA 백신은 코로나바이러스의 바깥 부분에 있는 이 돌기 단백질의 RNA를 복제해 지질막에 싼 것입니다. 이를 신체에 주사하면 인체의 세포에 들어가 돌기 단백질을 만듭니다. 생산된 돌기 단백질은 인체 세포의 바깥쪽에 위치하게 되는데, 이처럼 세포 외부에 있으면 면역 체계가 이를 항원으로 쉽게 인지합니다. 코로나바이러스의 여러 부분 중 굳이 돌기 부분의 단백질을 백신에 이용하는 이유입니다.

요약하면 이렇습니다. 인체는 mRNA 백신을 접종하면 세포 표면에 돌기 단백질이 생깁니다. 인체에 아무런 해를 주지 않는 항원 단백질입니다. 인체는 이를 코로나바이러스가 들어온 것으로 착각해 면역시스템을 가동해 진짜 코로나바이러스를 무찌를 수 있는 항체를 만듭니다. 이것이 mRNA 백신이 작동하는 원리입니다.

원리에서 알 수 있듯이 mRNA 백신에는 어떠한 바이러스도, 바이러스의 일부분도 들어 있지 않습니다. 그러므로 이 백신을 맞았다고 해서 코로나19에 걸릴 가능성은 없습니다. 백신에 포함된 mRNA는 돌기 단백질 제조 정보를 세포에 전달한 뒤 분해되고 사라지기 때문에 백신이 인체의 DNA를 변형시키는 일도 있을 수 없습니다. 과학기술이 가져온 놀라운 백신입니다.

6

다시 찾아올
감염병에
어떻게 대처할까

다시 찾아올 감염병에
어떻게 대처할까

끝나지 않은
감염병과의 전쟁

코로나19는 어느 정도 잠잠해졌지만, 인류와 감염병의 싸움은 끝나지 않았습니다. 또 다른 바이러스나 세균 질환이 언제든 인류를 공격할 수 있기 때문이죠. 보건위생과 의학이 어느 정도 발달한 20세기의 스페인 독감에 이어 바이러스에 대한 연구가 상당히 진행된 21세기에도 코로나19가 범유행한 것은 이를 잘 보여주는 사례입니다. 코로나19로 전 세계에서 안타까운 희생자가 수없이 발생한 것도 모자라 의료·방역 자원이 고갈 직전까지 가기도 했습니다. 경제도 흔들렸습니다.

인류는 어떻게 감염병의 재유행을 막고, 설혹 재발하더라도 이를 효과적으로 물리치고 이른 시일 안에 정상을 회복할 수 있을까요? 코로나19에 대한 대응을 포함해 인류가 각종 감염병을 상대로 싸워온 과정을 살펴보면 대처 방법을 찾을 수 있을 것입니다.

인류는 현대에 들어와서 과학을 동원해 감염병의 정체를 밝히고 일부는 굴복시키기도 했습니다. 그 과정은 결코 쉽지 않았고 대부분 장기전을 치러야 했지만, 인류는 결국 감염병을 누르고 정상을 되찾았습니다. 인류가 과학을 무기로 지금까지 미지의 미생물인 바이러스, 세균과 싸워온 과정을 되새김질하면서 감염병에 대처하는 방법을 살펴봅시다.

미생물의 존재를 확인한 레이우엔훅과 파스퇴르

바이러스와 세균 같은 미생물은 눈에 보이지 않습니

미생물의 존재를 눈으로 처음 확인한 네덜란드의 과학자 안톤 판 레이우엔훅.

다. 인류는 미생물의 존재를 모를 때에도 병이 퍼지는 어떤 원인이 있다고 짐작했습니다. 보이지 않은 존재가 병을 일으키고, 퍼뜨린다고 믿었죠. 그러면서 이를 확인하려는 시도를 꾸준히 해왔습니다.

　미생물의 존재를 눈으로 처음 확인한 사람은 네덜란드 델프트의 무역업자이자 과학자인 안톤 판 레이우엔훅 1632~1723년입니다. 과거 생물학 교과서에서 영어식으로 '뢰

벤후크'로 표기했던 바로 그 사람입니다. 레이우엔훅은 스스로 갈아 만든 렌즈로 현미경을 만들어 빗물 속의 미생물 등을 눈으로 관찰해 미생물의 존재를 확인했습니다.

이제는 유산균 음료의 상표명으로 더 유명한 프랑스 과학자 루이 파스퇴르1822~1895년는 '미생물학의 어머니'로 불립니다. 파스퇴르는 미생물을 배양하는 기술을 개발했으며, 미생물이 더러운 환경에서 자연 발생하지 않고 온도, 습도, 양분 등 다양한 조건에서 증식한다는 사실을 밝혀냈습니다. 감염성 질환은 세균이 사람 몸에 들어와 증식하면서 발생한다는 사실을 실험으로 증명하기도 했습니다. 지금은 당연하다고 믿는 수많은 과학적 사실이 모두 과학자들의 확인을 거쳐 진리로 확립된 것임을 잊지 말아야겠습니다.

이를 바탕으로 의료계와 산업계는 수술실 소독, 우유 등 식품 멸균법, 백신 등을 본격적으로 도입하게 됐습니다. 우유 등을 높은 온도로 끓여 미생물을 사멸시키는 대신 적절한 온도로 장기간 데워 미생물의 양을 획기적으로 줄여 보존 기간을 늘린 저온살균법은 파스퇴르의 이름을 땄죠.

미생물과 질병의 관계를
최종 확인한 코흐

독일 세균학자 로베르트 코흐1843~1910년는 '세균학의 아버지'로 불립니다. 미생물과 감염병을 연구해 질병과 미생물의 관계를 정리한 '코흐의 가설'을 확립한 것이 코흐의 최대 공로입니다. 다음과 같은 가설은 최종 확인돼 오늘날 미생물과 감염병의 관계를 확인하는 기본 공식이 됐습니다. 그 공식은 다음과 같아요.

질병에 걸린 모든 개체에서는 원인 미생물이 다량 발견되어야 하고, 건강한 개체에서는 발견되지 않아야 한다. 이 미생물은 질병에 걸린 생물체에서 분리할 수 있어야 하고, 배지에서 순수 배양할 수 있어야 한다. 배양한 미생물을 다시 건강한 개체에 주입하면 같은 질병이 유발되어야 한다. 배양한 미생물을 주입한 개체에서 다시 같은 미생물을 분리할 수 있어야 한다.

독일 세균학자 로베르트 코흐
는 전염병이 미생물에 의해
발생한다는 사실을 증명했다.

    코흐는 미지의 영역인 전염병이 미생물에 의해 발생
한다는 사실을 확실하게 증명했으며, 이를 진단하고 확인
하는 원칙을 확립했습니다. 그의 제자인 율리우스 리하르
트 페트리1852~1921년는 1887년 미생물 배양에 요긴하게 사
용하는 둥글고 납작한 접시인 '페트리 디시'를 고안했습니
다. 그의 이름을 딴 패트리 디시는 지금도 미생물학 실험실
에서 기본적으로 사용됩니다.

세균보다 작은 바이러스에 대한 도전과 응전

1892년 러시아 식물학자 드미트리 이바노프스키가 작물인 담배에 병을 일으키는 '비세균 병원체'의 존재를 주장했고, 1898년 네덜란드 미생물학자 마르티누스 베이에링크가 담배모자이크 바이러스를 발견하면서 비로소 바이러스의 존재가 밝혀졌습니다. 그 뒤 바이러스에 대항하기 위한 인간의 노력이 치열하게 펼쳐졌어요.

미국 밴더빌트대학교 어니스트 윌리엄 굿패스처 1886~1960년 교수는 1931년 달걀 유정란의 노른자 한가운데에 떠 있는 수정란에서 바이러스를 증식시키는 방법을 개발했습니다. 이 덕분에 바이러스 백신의 개발이 비로소 가능해졌죠. 바이러스는 양분만 있으면 자라는 박테리아와 달리 살아 있는 생물체 안에서만 증식해 키우기가 여간 까다로운 게 아니기 때문입니다.

굿패스처 교수가 바이러스를 키우는 방법을 개발하면
서 인플루엔자는 물론 수두, 황열병, 발진티푸스, 로키산홍
반열 등 여러 바이러스성 전염병에 대응하는 백신을 개발
하는 길이 열렸습니다. 인류가 감염병에 대응하는 능력이
비약적으로 향상된 계기로 볼 수 있어요. 유정란을 활용해
바이러스를 증식한 뒤 그 독성을 낮추는 약독화 처리 과정
을 거쳐 바이러스 백신을 만드는 기술은 지금도 보건산업
현장에서 활용되고 있어요. 백신으로 유명한 녹십자사가
양계장을 운영하는 이유입니다.

사실 영국의 에드워드 제너1749~1823년는 굿패스처보다
훨씬 앞선 1800년에 우두를 통해 천연두를 예방하는 방법,
즉 종두법을 개발했습니다. 원인 미생물인 천연두 바이러
스의 존재를 알기도 전의 일입니다. 종두법은 관찰과 경험
을 바탕으로 하는 과학적 예방법이죠.

1930년대에는 천연두 바이러스 백신도 개발됐습니
다. 그 결과 바이러스로 발병하는 천연두는 1979년 세계보
건기구WHO에서 박멸을 선언했습니다. 인류의 과학 연구가
질병을 완벽하게 퇴치한 사례입니다. 이제는 우두를 따로
맞지 않아도 됩니다. 인류는 과학으로 전염병을 이길 수 있

음을 확인했습니다.

소아마비에 맞선 루스벨트, 미국 대통령이 되다

소아마비는 오랫동안 인류를 괴롭혔지만 인류는 과학을 앞세운 끈질긴 노력 끝에 백신을 개발해 발병률을 낮출 수 있었습니다. 소아마비는 소아마비Polio 바이러스가 인체에 침범한 뒤 주로 신경계를 공격해 마비를 일으켜 생깁니다.

소아마비는 고고학 유물에 환자가 기록된 드문 질병입니다. 기원전 1403~기원전 1365년 이집트 18왕조 시대의 석판에 한쪽 다리가 확연히 가는 사람이 목발을 짚고 서 있는 모습이 새겨졌을 정도입니다. 누가 봐도 소아마비 후유증으로 추측할 수 있어요. 3400년 전에도 소아마비 바이러스 질환이 적지 않게 발생했음을 짐작할 수 있는 자료입니다. 바이러스는 인류와 함께 살아왔던 셈입니다.

사정은 현대에 와서도 크게 달라지지 않았습니다. 1900년대 미국에서는 소아마비가 수시로 대유행했는데, 1016년 한 해에만 2만 7000여 명이 감염됐고 6000여 명이 숨졌다고 합니다.

미국 백악관 홈페이지의 역대 대통령 소개 코너에 따르면, 미국 32대 대통령인 프랭클린 델러노 루스벨트 1882~1945년, 1932~1945년 재임는 장년에 소아마비를 앓아 하반신 장애를 겪었습니다. 하버드대학교와 컬럼비아대학교 법과대학에서 공부한 루스벨트는 뉴욕주 상원의원과 해군부 차관보를 지낸 전도양양한 청년 정치인이었어요. 38세 때인 1920년 대통령 선거에 민주당 제임스 콕스의 러닝메이트가 돼 부통령 후보로 나섰습니다. 공화당의 워런 하딩 대통령 후보와 캘빈 쿨리지 부통령 후보에게 패배했지만 30대 부통령 후보의 선전은 수많은 유권자에게 강한 인상을 심어줬다고 합니다.

그런 루스벨트가 39세 때인 1921년 여름 소아마비를 앓고 하반신 장애를 얻었습니다. 그는 수영을 열심히 해 다

프랭클린 루스벨트는 39세에 소아마비를 앓아 하반신 장애를 얻었다. 그는 소아마비 재단을 세우고 백신에 대한 연구와 개발을 지원했다.

리를 조금이라도 쓸 수 있게 되었습니다. 그 결과 1924년 민주당 당대회에 목발을 짚고 나타나 박수갈채를 받았습니다. 바이러스는 인간의 의지와 노력을 꺾을 수 없다는 사실을 잘 보여주는 일화입니다.

루스벨트는 뉴욕주지사1929~1932년를 거쳐 1932년 미국 대통령이 됐습니다. 그는 1936년, 1940년, 1945년 세 차례 더 대통령에 뽑혀 미국 유일의 4선 대통령이 됐습니다. 백악관에 처음 입성할 당시 그를 기다리고 있던 것은 대공황1929~1939년에 따른 실업자 1300만 명과 문을 닫은 은행들이었습니다.

루스벨트는 테네시강 개발 계획을 핵심으로 하는 뉴딜 정책으로 경제를 부흥시켜 대공황을 물리쳤습니다. 1941년 12월 7일 일본 제국주의자들이 진주만을 공격하자 제2차 세계대전에 뛰어들어 일제와 나치, 파시즘에 대항했고요. 하지만 종전을 앞둔 1945년 4월 12일 자유세계의 애도 속에 세상을 떠났습니다. 소아마비 바이러스의 공격에서 살아남은 그는 대공황과 제2차 세계대전을 상대로 승리를 거두고 경제난과 군국주의, 전체주의를 물리친 역사적인 영웅이 됐습니다.

박쥐는 죄가 없다

17년 연구 끝에
소아마비 백신 개발

그런 루스벨트는 소아마비 백신을 남겼습니다. 과정은 쉽지 않았습니다. 그는 1938년 국가 소아마비 재단을 세우고 기금을 모았습니다. 재단은 1948년 피츠버그대학교 의과대학의 조너스 소크 교수에게 백신 개발을 맡기고 연구와 개발을 장기적으로 지원했습니다.

그동안에도 소아마비는 계속 사람들을 괴롭혔습니다. 미국 식품의약청FDA에 따르면 1952년 한 해에만 미국에서 5만 8000건의 소아마비 환자가 발생해 3145명이 숨지고 2만 1269명이 마비 장애를 겪었다니, 상황이 얼마나 심각했는지를 알 수 있습니다. 더욱 안타까운 일은 환자가 대부분 어린이였다는 점입니다. 당시 사람들은 소아마비를 '전후 최대의 공포' '20세기 흑사병'으로 여겼으며, '핵무기 다음가는 위협'으로 생각했다고 합니다.

결국 소크 교수는 1955년 소아마비 백신을 개발했으며, 환자 발생률을 기존의 30퍼센트 수준으로 크게 떨어뜨렸습니다. 루스벨트가 소아마비에 걸린 지 34년, 재단을 설립한 지 17년, 세상을 떠난 지 10년 만에 소아마비 백신이 완성된 것입니다. 과학을 앞세워 장기전을 벌인 결과 소아마비 바이러스에 승리를 거둔 것입니다. 인류가 앞으로의 감염병과의 대결에서 참고해야 할 교훈입니다.

과학적 연구로 이긴 황열병

인류가 과학을 활용해 바이러스를 이긴 사례가 황열병입니다. 황열병은 발열, 오한, 근육통, 두통 증세와 함께 간 손상에 따라 피부가 노랗게 변하는 증상이 나타나는 질환입니다. 1859~1869년 수에즈운하를 완성한 프랑스 외교관이자 기술자인 페르디낭 드 레셉스가 1881년 태평양과 대서양을 잇는 파나마운하를 건설하다가 황열병으로 공사를 중단했습니다. 당시 건설 노동자 사이에서 황열병이 유행하면서 많은 사망자가 생기자 결국 1889년 공사를 중단하게 됐습니다.

1904년 권리를 인수해 공사를 재개한 미국은 군의관을 동원해 황열병을 막는 방법을 찾았습니다. 전염병을 연구하는 역학을 전공한 월터 리드 군의관은 파나마 늪지대에서 대대적인 모기 퇴치 작업을 펼쳤습니다. 황열병이 모기를 매개로 전염된다는 쿠바인 카를로스 핀라이의 연구를 참조했습니다. 그 결과 미국은 황열병을 누르고 1914년 무사히 공사를 마칠 수 있었습니다.

바이러스의 존재를 확인하기도 전에 역학을 활용한 과학적 연구 끝에 황열병 예방법을 찾은 셈입니다. 황열병의 원인은 1927년 황열병 바이러스로 밝혀졌습니다. 남아프리카 출신의 미국 미생물학자 막스 타일러는 1937년 황열병 백신을 개발해 그 공로로 1951년 노벨 생리의학상을 받았습니다. 아프리카 출신이 받은 첫 노벨상입니다.

황열병은 한 차례 백신 접종으로 평생 면역을 얻을 수 있지만, 치료제는 아직도 개발하지 못하고 있습니다. 인체

면역력으로 병이 지나가기를 기다리는 수밖에 없다고 합니다.

설사를 유발하는 노로 바이러스는 치료제는 물론 백신조차 아직 개발되지 않았습니다. 손 씻기 등 위생으로 예방할 수 있지만, 발병했을 때는 증상을 완화하는 약을 복용하는 것 외에 달리 방법이 없습니다.

바이러스를 극복해온 인류

인류가 천연두를 물리친 과정도 참고해야 합니다. 마마로 불리던 천연두는 바이러스는커녕 미생물의 존재 자체를 모를 때부터 우두로 극복해왔습니다. 기원전 1145년에 숨진 고대 이집트의 파라오 람세스 5세의 미라에서 천연두를 앓은 흔적이 발견됐을 정도로 오래된 질환이죠.

아메리카와 호주 원주민들은 유럽인들이 오기 전까지

천연두 바이러스와 접촉한 적이 없어 집단 면역이 형성되어 있지 않았습니다. 그래서 유럽인들이 의도적이거나 우연히 전파한 바이러스로 남미 잉카제국 주민의 60~94퍼센트, 미국 매사추세츠 지역 아메리칸 인디언의 90퍼센트, 호주와 뉴질랜드 원주민의 절반이 희생된 것으로 추산한다고 합니다. 하지만 20세기 들어 백신이 개발되고 국제사회에서 대대적으로 접종하면서 1979년 WHO가 천연두의 박멸을 선언하기에 이르렀습니다. 소의 질환인 우역과 함께 인류가 멸종시킨 드문 바이러스입니다.

풍진 바이러스가 일으키는 풍진은 국내에서 무증상 감염자가 많아 오랫동안 고질병으로 통했습니다. 하지만 2001년 전국 동시 예방접종을 하면서 대대적으로 감소했습니다. 현재는 매년 10건 이하만 발생해 사실상 '희소병'이 됐습니다. 동물에게는 광견병을, 사람에게는 공수병을 일으키는 광견병 바이러스도 백신과 치료법 개발로 사라져가고 있습니다. 국내에서는 광견병이 2014년, 공수병이 2005년을 마지막으로 더는 보고되지 않고 있습니다.

백신은 개발에 적지 않은 비용과 시간이 들고 시행착오가 따르지만, 바이러스와의 전쟁에서 가장 유용한 무기

기원전 1만 년경부터 인류를 괴롭혀온 천연두는 20세기 들어 백신을 개발하면서 박멸되었다. 천연두 박멸 소식을 전한 세계보건기구 기관지 『월드 헬스』 1980년 5월호 표지.

임을 확인할 수 있는 사례들입니다. 이번에 코로나19 백신으로 코로나19를 물리쳤으니, 이제는 에볼라와 지카 바이러스가 남았습니다.

감염병 대응할
보건 시스템 보강해야

의학적·과학적 대응에 더해 보건학적인 대처도 절실합니다. 신종 전염병은 우리 보건의료 체계에 타격을 주고 정상적인 작동을 방해했는데, 이런 일이 재발하지 않도록 제도와 시스템을 보강할 필요가 있습니다.

그동안 한국은 코로나19 이외에도 메르스 등 바이러스성 감염 질환으로 한바탕 혼란을 겪었습니다. 이런 사태를 겪었으면 이를 바탕으로 교훈을 찾고 문제점을 고쳐 앞으로 같은 일이 재발하지 않도록 힘을 기울여야 합니다. 감염병 분야 또는 보건의료 분야에서 과거를 반성하고 불행한 일의 재발을 막기 위한 『징비록』(조선 선조 때 영의정을 지낸 유성룡이 1592~1598년 임진왜란과 정유재란 당시의 교훈을 쓴 책)이 필요한 것이죠.

전문가들은 한국 보건의료 역량을 집결해 전염병에

과학적 · 의학적으로 대응하는 방향으로 보건행정을 개혁해야 한다고 지적합니다. 박병주 전 서울대학교 의과대학 (예방의학) 교수이자 전 대한보건협회 회장은 감염병에 대응할 보건 시스템 강화를 위해 다양한 제안을 했습니다.

구체적으로는 국공립 병원과 지방자치단체 산하의 보건소 역량을 유기적으로 활용할 수 있도록 '보건의료 집중 시스템'을 만들자고 제안했습니다. 국가안전보장회의NSC 같은 국가보건회의National Health Council, NHC를 창설해, 이를 감염병에 대응하는 컨트롤 타워로 삼아야 한다는 이야기입니다.

'보건의료 위기관리 체계'의 구축도 필요하다는 지적입니다. 코로나19 같은 보건 위기가 또다시 발생하면 공공 조직을 총동원하는 것은 물론 민관 공조가 신속하게 작동할 수 있도록 보건 위기관리 체계를 만들 필요가 있다는 주장입니다. 기존 보건 행정조직이 민간의 숱한 전문가를 활용해 힘을 모아야 합니다.

게다가 전염병 확산은 보건의료 문제를 넘어 재정과 경제 활동, 그리고 민생 문제와 직결된 만큼 이를 종합적으로 관리하는 체계 마련도 필요합니다. 건강과 경제, 사회문제는 동전의 양면이기 때문입니다. 이를 함께 해결하기 위해 '보건의료 위기관리 기금'을 만들어 보건 위기에 대응해야 한다고 제안했습니다. 의료 전달 체계를 개혁하고 공공의료의 기반을 다져 전염병 같은 보건의료 비상 상황에 대비하기 위한 목적입니다.

고령자나 요양병원 입원자 등 고위험군에 대한 관리 방안도 마련해야 합니다. 병원을 통째로 봉쇄하는 코호트 격리는 숱한 슬픔과 비극을 빚어냈습니다. 장기간의 유행이 지속하면서 등장한 변이종의 발생 등에도 대비해야 합니다. 이번 코로나19 대응 과정에서 나타난 문제점을 점검해 과학적인 감염병 대응 체계 정비를 할 필요가 있습니다. 아울러 감염병에 대응하는 과정에서 인간의 마음을 따뜻하게 보듬는 온정적인 대처법에 대한 고민도 필요합니다.

소를 잃었으면 외양간이라도 잘 고쳐 재발은 막아야 합니다. 감염병에 대한 인류의 도전은 아직 끝나지 않았습니다.

지구는 하나, 원 헬스

'지구는 하나'라는 말을 들으면 여러분은 어떤 장면이 떠오르나요? 올림픽 개막식에서 여러 나라의 선수들이 각각의 국가 깃발을 들었지만 한자리에 모여 국적, 인종, 종교, 나이 등을 초월해 평화롭게 공존하는 모습이 '하나의 지구'라는 말을 들을 때 흔히 떠올리는 모습이 아닐까 합니다.

그런데 이 장면에 빠진 게 있어요. 바로 우리와 함께 살아가는 동물과 식물 그리고 산, 바다, 숲, 빙하 등과 같은 생태계입니다. 지구에는 인간 이외의 다른 것들도 엄연히 존재하고 있거든요. 인간을 비롯한 이 모든 것이 평화롭게 공존할 수 있다면 그야말로 '지구는 하나'라고 말할 수 있을 것입니다.

원 헬스One Health는 바로 이런 생각에 뿌리를 두고 창안된 개념입니다. 인간과 동물, 환경을 모두 고려하고, 그 사이의 연계를 통해 모두가 최적의 건강 상태를 유지할 수 있다는 접근 방식을 말합니다.

인수공통감염병을 예로 들어봅시다. 인수공통감염병은 말 그대로 동물과 사람 간에 서로 전파되는 병원체에 의해 번지는 감염병을 가리킵니다. 놀라운 사실은 최근 새롭게 나타나는 감염병 질환의 약 75퍼센트가 인수공통감염병이라고 합니다.

개발 등으로 야생동물의 서식지가 파괴되고 야생동물을 거래하는 시장도 생겨났죠. 또 여행, 무역 등으로 사람이 국경을 넘나드는 일이 잦아졌습니다. 이와 반대로 사람의 바이러스가 동물로 전해지는 역인수공통감염병도 있습니다. 최근 들어 강아지나 고양이 같은 반려동물과 함께하는 생활이 익숙한 우리로서는 이 감염병도 간과하지 않고 관리해야 하는 상황이 됐습니다.

그렇다 보니 감염병을 통제하고 인간이 건강하기 위해서는 동물도 생태계도 건강해야 하는데, 이를 하나로 묶는 개념이 바로 원 헬스입니다. 환경이 깨끗하고 동물이 건강해야 사람도 건강할 수 있다는 것이지요.

1964년 수의역학자 캘빈 슈바베는 원 메디슨one medicine이라는 개념으로 의학과 수의학의 유사점을 거론하며, 인간과 동물 모두에게 영향을 미치는 질병을 치료하고 통제하기 위해 양측이 협력해야 한다는 주장을 펼칩니다. 수의역학자로서 연구를 수행하면서 동물의 질병이 동물은 물론 인간에게도 위협이 될 수 있다는 것을 발견했던 것이지요.

그 뒤 원 헬스라는 개념은 더욱 확장됩니다. 2004년 미국 야생동물보존협회는 록펠러대학교 심포지엄에서 '하나의 세계, 하나의 건강One World, One Health'이라는 슬로건을 발표합니다. 협회는 "최근 웨스트 나일 바이러스, 에볼라, 사스, 원숭이두창, 광우병, 조류 인플루엔자의 발생은 인간과 동물의 건강이 밀접하게 연결되어 있다는 걸 상기시킨다"며 "인간, 가축, 야생동물의 건강을 통합하는 원 헬스가 필요하다"고 밝혔습니다.

그러면서 협회는 이와 관련한 몇 가지 수칙을 제안하는데, 이를 '맨해튼 원칙'이라고 부릅니다. 여기에는 인간과 동물의 건강이 밀접하게 연결돼 있고, 인간의 건강을 지키기 위한 생태 시스템을 유지하는 데에는 생물 다양성이 필수적임을 인식하고 협력해야 한다는 점이 담겨 있어요.

이후 조류 인플루엔자가 국경 너머 세계 여러 나라에서 유행하면서 각국, 국제기구 등 사이에서 원 헬스의 개념을 보다 광범위하게 적용할 필요가 있다는 공감대가 형성됐고, 2011년 호주에서 제1회 국제 원 헬스 회담이 열리게 됐지요.

최근 우리는 코로나19로 원 헬스 개념을 글보다 훨씬 더 직접적으로 몸소 체험하게 되었습니다. 세계동물보건기구WOAH에 따르면 현재 발생하는 인간 감염병의 60퍼센트가 동물 병원체에서 기인한다고 합니다. 만약 우리가 지금과 같이 동물과 환경을 고려하지 않는다면, 코로나19를 넘어 코로나27, 코로나45 등 신종 감염병이 또다시 생기지 말라는 법도 없다는 이야기가 되겠지요.

세계동물보건기구는 "코로나19로 전 세계 사람들이 동물, 인간, 환경 사이의 근본적인 연관성에 관심을 갖게 됐다"며, "모든 생명체는 환경뿐만 아니라 치명적인 병원체도 공유하고 있다는 점이 확인됐다"고 밝혔습니다.

원 헬스에서 한 걸음 더 나아가 원 웰페어One Welfare를 주장하는 사람도 있습니다. 원 웰페어는 동물과 인간의 복지가 따로 떨어져 있지 않고 연결돼 있다는 의미입니다. 동물이 깨끗한 곳에서 건강하고 행복하게 자랄 수 있는 환경을 만드는 것은 사람 역시 살 만한 환경이라는 뜻일 테니까요.

『동물이 건강해야 나도 건강하다고요?』라는 책의 한 구절을 소개하면서 이 화두를 함께 고민해보기를 제안합니다. "사람과 동물을 가르지 않고 사회적 약자의 삶의 질을 두루 걱정할수록, 주어진 상황과 문제를 좀 더 나은 방향으로 바꾸어 갈수록 모두의 삶의 질이 나아질 거예요."

'동물 복지와 사람 복지가 하나'라는 의미로 원 웰페어라는 말이 주목받는 까닭입니다.

참고문헌

* 언론의 게재 일자는 인터넷판을 기준으로 합니다.

이항·천명선·최태규·황주선,『동물이 건강해야 나도 건강하다고요? 신종 감염병 시대, 비인간 동물과의 공존 이야기』, 휴머니스트, 2021.

마크 제롬 월터스, 이한음 옮김,『에코데믹, 끝나지 않는 전염병』, 책세상, 2020.

빌 게이츠, 이영래 옮김,『빌 게이츠 넥스트 팬데믹을 대비하는 법』, 비즈니스북스, 2022.

팡팡, 조유리 옮김,『우한일기』, 문학동네, 2020.

고재원, 「"WHO·중국, 코로나19 발생 초기 대처 느렸다"」,『동아사이언스』, 2021년 1월 19일.

김윤구, 「중국, 코로나19 경고 의사 리원량 처벌 취소…유족엔 사과」,『연합뉴스』, 2020년 3월 20일.

이영애, 「올해도 실종되고 있는 꿀벌…기생충·이상기온이 원인」,『동아사이언스』, 2023년 2월 14일.

장현은, 「"20년 내 다음 팬데믹 가능성 50%다" 빌 게이츠가 예측했다」,『한겨레』, 2022년 8월 17일.

정인환, 「코로나19 기원·은폐설 두고 미-중 거친 설전」,『한겨레』, 2020년 5월 4일.

최재천, 「자연보호라는 '에코백신' 없으면 팬데믹 반복될 것」,『연합뉴스』, 2022년 6월 15일.

Aliza Chasan, 「Prepare for next pandemic, future pathogens with "even deadlier potential" than COVID, WHO chief warns」, CBS, May 23, 2023.

Ashley Brown·Conor Finnegan·Jack Arnholz, 「Pompeo says

'enormous evidence' for unproven theory that coronavirus came from lab」, abc, May 4, 2020.

Christina Maxouris, 「Bill Gates says Trump's decision to halt WHO funding is 'as dangerous as it sounds'」, CNN, April 15, 2020.

David Quammen, 「We Made the Coronavirus Epidemic It may have started with a bat in a cave, but human activity set it loose」, 『New York Times』, January 28, 2020.

Evelyn Cheng, 「China's Xi pledges $2 billion to help fight coronavirus」, CNBC, MAY 18 2020.

Jason Horowitz, 「Italians Find 'a Moment of Joy in This Moment of Anxiety'」, 『New York Times』, March 16, 2020

John Crace, 「Deadly diseases from wildlife thrive when nature is destroyed, study finds」, 『Guardian』, August 5, 2020.

Michael R. Gordon · Warren P. Strobel, 「U.S. Report Found It Plausible Covid-19 Leaked From Wuhan Lab」, 『Wall Street Journal』, June 8, 2021.

「Coronavirus: 'Razor blades in anti-5G posters' on telegraph poles」, BBC, May 11, 2020.

「Iran: Over 700 dead after drinking alcohol to cure coronavirus」, Al Jazeera, April 27, 2020.

〈인터넷〉

서울대학교병원/N 의학정보

서울시 감염병연구센터/ebook 『서울특별시 감염병 주간 소식』 제52호, 2023년 5월 5주(5월 28일 - 6월 3일).

법무부/출입국 통계

주제네바 대한민국 대표부/보건(WHO)

질병관리청 코로나19/정보관리시스템

코로나19(COVID-19)/실시간 상황판

글로벌 포레스트 워치(globalforestwatch) 홈페이지

미국 식품의약청(FDA)/코비드-19(COVID-19)에 대해 선택할 수 있는 치료법들을 숙지하십시오(한국어 안내)

미국 질병통제센터(CDC)/Coronavirus

미국 환경보호청(EPA)/코로나바이러스 감염증(COVID-19)

우한바이러스연구소(whiov.ac.cn) 홈페이지

유엔에이즈(UNAIDS) 합동 계획

중국 위생건강위원회 병원계통생물학 중점실험실(mgc.ac.cn)/Datebase of
    bat-associated viruses

風傳媒(storm media)/江雪專文 : 長安十日, 江雪, 2022. 01. 09.

피터 다작(PeterDaszak) 트위터

bloomberg/graphics/covid-vaccine-tracker-global-distribution

CDC/One Health History

Economist/The pandemic's true death toll

IOM/Health, Border and Mobility Management

IUCN/Red List of Threatened Species

Lai-Meng Looi 1, Kaw-Bing Chua, Lessons from the Nipah virus
    outbreak in Malaysia, Malaysian J Pathol 2007 Dec. 63 – 67.

New York Times/COVID19 Tracker/Covid-19 World Map: Cases,
    Deaths and Global Trends

Our World in Data/covid-vaccinations

Pitney Bowes/Parcel Shipping Index 2019,

Reuter/THE BAT LANDS

Reuters/WHO/advisors urge China to release all COVID-related data
    after new research, March 20, 2023.

UN/‘We are all in this Together: Human Rights and COVID-19
    Response and Recovery’, April 23, 2020.

UNWTO/International Tourism Highlights 2020 Edition

World Bank/Data, Container port traffic,

World Health Organization(WHO)/Diseases/Coronavirus
    disease(COVID-19)

WHO/How WHO is funded

WHO/Influenza pandemics

WHO/List of Blueprint priority diseases

WHO/Newsroom/Questions and answers/Coronavirus disease

(COVID-19): Vaccines and vaccine safety

WHO/Pandemic Influenza Preparedness and Response: A WHO Guidance Document

WHO/'WHO issues best practices for naming new human infectious diseases', May 8, 2015.

Worldometers/Coronavirus

WWF/The Global Risks Report 2023

ZENODO/Genetic evidence of susceptible wildlife in SARS-CoV-2 positive samples at the Huanan Wholesale Seafood Market, Wuhan: Analysis and interpretation of data released by the Chinese Center for Disease Control/March 20, 2023.

박쥐는 죄가 없다

ⓒ 채인택·이지선, 2024

초판 1쇄 2024년 2월 1일 찍음
초판 1쇄 2024년 2월 15일 펴냄

지은이 | 채인택·이지선
펴낸이 | 이태준

인쇄·제본 | 지경사문화

펴낸곳 | 북카라반
출판등록 | 제17-332호 2002년 10월 18일

주소 | (04037) 서울시 마포구 양화로7길 6-16 서교제일빌딩 3층
전화 | 02-486-0385
팩스 | 02-474-1413

ISBN 979-11-6005-130-8 44300
ISBN 979-11-6005-127-8 44080 (세트)
값 15,000원